「伝わらない」壁を突破する！

話し方の強化書

コミュニケーション改善コンサルタント
藤田由美子
FUJITA Yumiko

ロング新書

はじめに

「ＡＩの台頭で働き方が変わる」そう言われていた世の中を加速度的に変化させた「新型コロナウイルス感染症（COVID-19）」。

人々は「会う場所・人・時間」を制限され、働き方はもとより、人々の価値観を大きく変化させられる事態となりました。改めて私たちは人と関わり、豊かな繋がりを持つことを求めていると実感したのです。

長引くマスク生活の中で「相手の表情が読み取りづらい」「声が聴きとりづらい」在宅ワークで「コミュニケーションが取りづらい」「文字にするとうまくニュアンスが伝わらない、言語化が難しい」

オンライン会議で「話すタイミングが掴めない」「プレゼンが盛り上がらない」

ここへきてビジネスコミュニケーションの難しさは益々困難を極めています。

「伝わらない壁」が高く、厚くなっているのです。その壁は人々の心を疲弊させます。モチベーションを下げ、ストレスをもたらし、自信を喪失させます。

一日も早くこの壁を突破する力が必要です。

ＡＩの台頭を心配していた時も、コロナ禍の今も、言語化能力「話して伝える力」を磨くことこそ大切で、そこには常に相手に対する思いやりが必要だと実感しています。

「人と関わり、繋がりを持って心豊かに生きたい」

共に喜びを分かち合う時も、辛い出来事に寄り添う時も、あなたの心を伝える「言葉」が「声」が「表情」が必要不可欠です。

今こそ、言葉で伝えてわかり合うために「話し方」を強化しましょう。

特に、ビジネスコミュニケーションでは、伝えて終わりではなく、相手が納得して行動を起こすまでの結果が求められます。

〝バブル〟や〝ゆとり〟といったいろいろな世代、そして働き方の多様化が進む昨今では、自分の価値観で「言葉選び」をするのではなく、「相手の価値観」を理解したうえで言葉を選ぶことが重要となります。

「そこまで言わなくてもわかるだろう」という「察する時代」は残念ながら過ぎ去りました。

ただ、思いつくまま話すのではなく、「相手がわかる言葉を遣い、相手が腹落ちして自ずと動きたくなるようにわかり合う」までの「話して伝えるスキル」が必要なのです。

思いつくまま、気ままな「散歩のようなおしゃべり」ではなく、ゴールを定め、準備万端に臨む「登山のような対話」がビジネスには必要なのです。

言いにくいことこそ、戦略的に言葉を選び、丁寧に伝えることでその後の関係が良好になります。

次頁の事例をご覧ください。

■催促をしたい時

「○○の件、まだですか？」と言わずに、

「○○の件、お時間をとっていただき、ありがとうございます。お手数をお掛けしておりますが、見通しはいかがでしょうか？」

■相談を受けた時

「大変だね」だけで終わらずに

「話してくれてありがとう。力になれれば嬉しいよ」

■苦情の報告を受けた時

「なんでそんなことになった？」と言わずに

「早い段階で、報告してくれてありがとう。一緒にまずは対処を考えよう」

■急ぎの作業中に「ちょっといいかな」と上司に声をかけられた時

「すみません。今ちょっと手が離せません。五分だけ待ってください」

ではなく

「お声かけありがとうございます。今、ちょっと手がふさがっています。

五分後にこちらから伺ってもよろしいですか?」

これらは言葉を尽くして伝えた事例です。

生活をしていれば、仕事をしていればもっとたくさんの会話があるでしょう。

本書では単なる言葉の言い換えだけでなく、どのように言葉を紡ぐのかという根っこの部分、心の在り方、考え方についても記しています。読み進めていくうちに、自然と思いやりを持った正しい考え方で言葉を選ぶことができるようになっています。

私はお恥ずかしながら、今ならパワハラと言われても仕方がないほど、かつてダメダメ上司でした。営業成績はよくても、部下育成においては情けない失敗ばかりでした。

そんな私でも四〇歳の時にコミュニケーションを学び、話し方を変えると人間関係が激変したのです。人間関係が変われば、おのずと結果が変わってきました。現在は「人のご縁に恵まれ、ありがたい毎日」と、自身の生き方を肯定することができています。

いくつからでも、いつでも人は変われます!!

どうぞ、本書をご活用いただき、正しく伝わる話し方を身につけていただければ幸いです。

コミュニケーション不足から発生するストレスを軽減し、鏡の中の自分に微笑む余裕を手に入れてください。そして、相手からの笑顔をたくさん浴びて、公私ともにイキイキと美しい、しなやかでかっこいい自分磨きをしませんか?

藤田由美子

目次

第2章 相手の心にひびく「声の出し方」

第3章 相手に伝わる「話のつくり方」

第5章　相手が気持ちよく納得する「5つの最重要ステップ」

第1章

相手を「聞く気」にさせる

「この人の話を聴きたい」と思ってもらう信頼力を身につける

どんな言葉を発すると、相手は喜んで動いてくれるのでしょう。

何を話したら相手にとって効果的なのでしょう。

これらはとっても興味深いところです。でもその前にどうしても押さえておかなければならないポイントがあります。

それは**「信頼力」**です。信頼力とはその情報を発するにふさわしい相手との**「信頼関係」**です。

話す人（発信者）と聞く人（受信者）の間に良好な信頼関係があるかということです。嫌いな人、信頼できない人の話を聴くなんて時間の無駄ですよね。

人間は不思議なもので、好きな人や尊敬する人から言われるアドバイスはありがたく受け止めます。でも、嫌いな人や信頼できない人から同じアドバイスを受けたとしても、きっと鬱陶《うっとう》しいと感じるだけでしょう。

例えば、あなたが新しい化粧品を買いに行ったとします。その時に対応してくれたアドバイザーがひどい肌荒れをしていたとしたら、そのアドバイザーが勧める化粧品を買いたいと思うでしょうか？

もし、あなたが街でクールビズにも使えそうなジャケットを見つけた時、「どうも靴とのバランスがしっくりこないな」と感じる店員さんから「着こなしのアドバイスを受けたい」と感じるでしょうか。

仕事場で

「返事もまともにしない人に『ちゃんと報告しろ』って言われても無理」

「ムスッとしている上司に『お客様には親切な応対を』って言われたくない」

こんな風に思ったことはないでしょうか？

つまり、私たちは**「何を言うか」の前に「誰が言うか」に影響を受けているので**です。この「誰が言うか」にこだわるのは、その人の話を聴く価値があるかどうかを判断しているということです。無意識にその人が信頼できる人かどうか信頼力を見極めているのです。だからこそ私たちは、話をする際には聞く人との間に良好な信頼関係を維持することが何よりもまず大切なのです。

言葉を発する以前に、聞く人が話し手に対して好意を感じるように、最低限、不快だと感じないように努めましょう。

まずは語らずして相手の聞く耳を立てることから始まるのです。

そうしなければ、こちらの話すことが聞き手に正しく伝わることは難しい、良好なコミュニケーションを保つことは困難であると認識しましょう。

信頼力を上げる7つのポイント

人は自分のことを重要な存在、大切な人として扱ってくれる人に好意を持ちます。そしてそんな人の話は真剣に耳を傾けて聞きたいと思うのです。

では、どういう風に接すると相手にその重要感を感じていただけるのでしょうか。

ここからは、極めて簡単なのにとっても効果のある7つのポイントをご紹介します。

ポイント1　挨拶を丁寧にする

いまさらと思うかもしれませんが、やっぱりここからなのです。簡単なことですが「感じのいい挨拶」をいつもどんな時もしていますか？

「あたりまえを毎日きちんと丁寧に」これは私のモットーです。

繰り返しになりますが、誰だって認めてもらいたい、大切にしてもらいたいと思っています。

人は「自分のことを認めてくれる人、大切にしてくれる人の話を聴きたい」のです。

でも毎日「あなたを認めています。大切にしています」と言われるのは少々気持ちが悪いですよね。だからこそ、相手の存在を認めている、大切にしているという気持ちを込めてその心が伝わる挨拶をするのです。

ではどうやってその心を伝えるのか。心を「見える化」するのです。

感じのいい挨拶の条件

①相手の名前を添える

あなただけにという特別感が伝わります。

②笑顔を添える

友好な関係を築きたい、保ちたいという好意が伝わります。

③アイコンタクトを添える

偽りのない誠実さが伝わります。

④プラスのひと言を添える

気にかけていますという関心、思いやりが伝わります。

「富田さん、おはようございます。そろそろコートが欲しくなってきましたね」
「いってらっしゃい。武田さん、外回り気をつけて」

なにも挨拶は朝、夕だけではありません。職場の人であれば、お昼休みや休憩の前後、出入りの時、廊下ですれ違った時、どんな時でもいいのです。一人につき一日一回はプラスのひと言を添えて挨拶をしてみましょう。この四つをしっかり添えた「感じのいい挨拶」を実践しましょう。

特に部下後輩には必ず実践することをお勧めします。このひと言に対して、もしそっけない反応をされたなら、残念ですがあなたの信頼度はかなり低いと受け止めます。そんな状態で一生懸命にその相手に指示を伝えたとしても、複雑なこと困難なことが伝わるのは難しいと考えましょう。「やる気が見えない。何度言っても伝わらない」というのはこんな状況の時かもしれません。

では、そんな状況の時はどうすればいいか。

プラスのひと言をまずは封印します。そして、①②③を心がけて様子を見ましょう。毎日の状況を見ながら、徐々にプラスのひと言を添えるようにします。

相手が「いつも自分のことを気にかけていてくれている」という信頼関係を取り戻してきたところで

上司から感じのいい挨拶があると	上司から感じのいい挨拶がないと
気分がいい 安心する 明るくなれる 今日も頑張ろうと思う やる気がでる 信頼されていると思う 話しかけやすい 元気がでる 相談がしやすい	憂鬱になる 暗い気分でのらない 何か失敗したかと不安になる 嫌われているのか心配になる 認められていない感じがする やる気が出ない 怒られそうでびくびくする なるべく避けたい 話しかけにくい
後輩から感じのいい挨拶があると	**後輩から感じのいい挨拶がないと**
嬉しい 認められていると安心する 仕事を教えてあげたくなる 元気になる かわいがってあげたくなる 頼られていると感じて頑張れる 親切にしたくなる 気にかけたくなる 笑顔になる	やる気がないと思う 体調が悪いのかと心配になる 腹が立つ 生意気だと思う こちらからは話しかけたくない なるべく関わらない 教えたくない 仕事を任せられない イライラする

「伊藤さん、お疲れ様です。最近どう？」
と声をかけてみましょう。

この方法が万能とは言えませんが、誰に対しても公平な態度で接することは大切なことです。前頁の図は私が研修時に行うワークで受講者からの意見をまとめたものです。コミュニケーションを良好にするうえで、感じのいい挨拶の効果効能は絶大です。誰に対しても裏表なく、自然に感じのいい挨拶ができる人を目指しましょう。

ポイント2　声の表情に気を配る

何を言うかより、誰が言うかが大事とお伝えしました。
その次に私たちが影響を受けるのは**音**なのです。

私は研修で登壇した際に、受講者の皆さんに二つのパターンを聞いていただき、どちらが「感じが良いか」判断していただきます。

A　笑顔で明るいはっきりした声で電話に出る。
「はい、ＡＢＣ商事です。
どちら様でしょう？
お待ちください」

B　無表情で忙しそうに地声で電話に出る。
「お電話ありがとうございます。ＡＢＣ商事フジタが承ります。
失礼ですがどちら様でしょうか？
はい、少々お待ちくださいませ」

文字だけだと伝わりづらいかもしれませんが、圧倒的に受講者の皆さんはＡの方が「感じが良い」と判断します。でも、実は言葉遣いはＢの方が丁寧で望ましいのです。

それでも、Ａの方が好印象だと判断するということは、それだけ私たちは音に引っ張られるということです。

「丁寧な言葉遣いをしている」「敬語には自信がある」という方も、声の表情に気を配りましょう。きれいな言葉を使いながらも声の表情を意識していないと、事務的な話し方、慇懃無礼な話し方と受け取られ、相手に真意が伝わらず勿体ないです。何度も謝っているのに、相手の怒りが収まらないという時、実は声に原因がある場合もありうるのです。

例えば皆さんも誰かに「ごめんね」と謝られた時に、

「ほんとに悪いと思ってるな」

「あんまり悪いと思ってないな」

と無意識にキャッチできると思います。声には本音がついつい出てしまうのです。

試しにご自身の声で前述のＡＢパターンをそれぞれ声に出し、録音して聴いてみてください。ご自身の声の表情、声の効果を認識できると思います。同じ届けるなら相手にとって聞き心地の良い声であなたの言葉を届け、コミュニケーションを円滑にしてください。

ポイント3　表情とアイコンタクトを意識する

声の表情を意識するということは、実は顔の表情を意識するということに繋がります。明るい声を出そうと思えば、自然と笑顔になるし、辛い思いを声にする時には表情も歪《ゆが》みます。当たり前のことですが、情を表すから、表情なのです。

「いいこと言っているのに伝わらない」
「ちゃんと話しているのに受けとめてもらえない」

そんな時はどんな顔で、どんな声で言っているかを意識してみてください。
無表情であったり、目の焦点が定まっていなかったりでは、せっかくの言葉も伝わりづらいでしょう。

あなたの発した言葉に対して相手が「そうは言うけど、本当なの？」と不安を感じた際に、その不安を消し去るためにあなたの本気度、真剣度が量られているのです。

つまり、あなたの発した言葉と表情と声が一致した時に、すとんと相手の心に響くのではないでしょうか。

表情を豊かにすること。

少し大げさかなというくらいで日本人はちょうどいいと言われています。

まずは笑顔のバリエーションを意識してみましょう。

- **会話が始まる前は、口は閉じて口角を上げる微笑み**
- **打ち解けてきて、口も開き、口角を上げつつ上の歯が四本くらい見えるような笑顔**
- **意気投合して心を開いて、口も大きく開いて上の歯が八本以上見えるような笑顔**

口は開いていても口角が下がっていると残念な印象になってしまいます。ポイントは口角を上げること、さらに鼻の横、目の下に位置する表情筋を上げることを意識しましょう。

二〇二〇年以降、マスクをしての会話が通常となりました。つまり口元が見えない状況です。それであっても、いえ、それだからこそ見えなくとも意識してマスクの下で口を大きく開けましょう。「顔全体で言葉を発する」「目で語る」と思うほどに表情豊かに話すことで、相手との信頼関係が築きやすくなります。無表情な人、何を考えているかわかりづらい人とはなかなか打ち解けづらいものです。そうならないように表情筋と口角を上げることを意識しましょう。

そして、笑顔は日頃から意識しているという方にも、もう一つチェックしていただきたいことがあります。それは「笑顔に余韻があるか」ということです。

例えば「ありがとうございました」と笑顔で言った時、言葉が終わると同時に、表情も笑顔から直ぐに真顔に切り替わっていないかということです。仕事においては意識して笑顔を作ることが求められます。そんな時、言葉の終わりと同時に、気が緩み、笑顔の余韻もないままに表情が真顔に戻ってしまうことがあります。本人は無意識でしょうが、見ている相手にとってはとっても寒々しく映るのです。かえってがっかりされてしまいます。笑顔の余韻もぜひ意識してください。

日頃から表情豊かに相手と関わることが大事です。

そして本気度、真剣度を伝えるために、相手の目を見る。目で微笑む。心を届ける。そのためにも、**アイコンタクトを意識することが大切なのです。**

どうしても苦手という方は、話の最初と最後には見つめられるように心がけましょう。その時にうつむいたまま目線だけを相手に向けると上目遣いになってしまいます。甘えた表情が、残念な結果を招くこともあります。顎を上げ、顔ごと相手に向けることを意識しましょう。そして、正直に言うのです。

「大変心苦しいのですが、目を見て話すのが少々苦手です。

でも、〇〇さんのお役に立ちたいと思って、資料を作成してまいりました。

ぜひお目通しくださいませ」

と、相手の名前をしっかり呼びながら、本気度、真剣度を伝えるようにしましょう。きちんと言葉にする癖をつけます。そうしているうちに自然とアイコンタクトがとれるようになっていきます。

ここで「左目アイコンタクト」という裏技をご紹介します。私も教えていただき、効果が高いということで研修時に皆さんにお伝えしているものです。

話す相手と向かい合って、相手の両眼を見つめるより、相手の左目だけを自分の両目で見つめるという裏技です。

この時に自分の心臓と相手の心臓がぴったり垂直に向かい合う位置をキープできると、なお効果的です。両目を見つめる時よりも左目だけを見つめることでほんの少しリラックス効果が働くと言われています。見つめられている方は、違和感がないのでぜひ試してみていただきたいと思います。

ポイント4　返事に思いやりと品格を備える

話がうまいわけではないけれども感じがいい人。そんな人はきっと気持ちのいい返事をしていると思います。返事一つでコミュニケーションは変わります。人間関係に差が出るのです。どうやって差をつけるのか。

それは**「はい、プラスα」**の返事をするということです。

「ちょっといいかな」と呼ばれた時に

A　「はーい」

B　「はい、なんでしょうか？」

どちらが話をしっかり聴いてくれそうな印象を受けるでしょうか。

もちろんポイント2も3も活用して、笑顔でいい声で、アイコンタクトをもって返事をすることを意識してみてください。これだけで信頼度はぐっと高まります。

信頼する人には安心していろいろなことが話せます。つまり情報がいっぱい集まるのです。相手の情報や言いたいことがわかるということは「相手に対してどう接すれば良いのかこちらも判断がつきやすい」ということです。コミュニケーションが円滑になるのは想像がつきますよね。

日頃から良い信頼関係を作っておく。そうすれば今度あなたが伝えたい時にもあなたの言葉に耳を傾けたくなるのが人情です。

お客様に呼ばれた時も

「はい、承ります」

「はい、どのようなことでしょうか」

「はい、どうなさいましたでしょうか」

「はい」だけで終わらせずに、「あなたの話を聴きます」という姿勢を表明するような返事を日頃から意識してみてください。あなたの存在認知度がぐっと高まってあなたは大切な人として扱ってもらえるようになるでしょう。

せっかくなので、

「はい、わかりました」は今日から

「はい、かしこまりました」

「はい、承知しました」

「はい、承りました」

に変更しましょう。この返事のパターンを三つ持つのが上級テクニックです。どんなにいい返事も三回続くと相手の心に響かないのです。

続けざまに上司に指示をされた時に、

「はい、かしこまりました」

を三回続けて発すると聴き流しているような印象を上司は受けます。

それよりも

「はい、かしこまりました」

「はい、その二点、承知しました」

「はい、それも含めて確かに承りましたので、お任せください」

と、答えましょう。あなたへの信頼度が格段に上がるでしょう。信頼度が高い人の意見には上司も部下も、もちろんお客様も耳を貸したくなるのです。

当然、プライベートでも有効です。

「ねえ、ちょっと」

「うん、なに、どうしたの？」

このように
「はい、プラスα」
「うん、プラスα」
仕事もプライベートも、日頃の返事でぜひ差をつけましょう。

ポイント5　相槌、頷きで聴く姿勢を示す

返事に引き続き、大事なことは誰もが知っている頷《うなず》き、相槌《あいづち》です。

人は「この人は自分の話をしっかり聴いてくれる。否定せずに受け止めてくれる。自分に興味を持ってくれている」という人に惹かれます。

そして、自分の話を真剣に聴いてくれる相手の話は聴きたいものです。だからこそ、そこには自然と良好な関係が築かれるでしょう。

「話をするより、聴くのは簡単だ」と思うでしょう。でもこれが案外、ごまかしのきかないスキルなのです。

相手の言うことが途中で知っている話だとわかれば「知っている」と言いたくなります。でもそこで相手の話を遮《さえぎ》ってしまっては、一大事。話を横取りされた相手はいい気分はしないでしょう。

例えば、次のようなことをついついあなたも言っているかもしれません。

- 「あっそれ、知ってます。この前聞いたんですが○○……」という横取り・先走り
- 「そんなことより、○○のことなんですが……」という遮り
- 「それって、○○ですよね」という決めつけ
- 「あー、それっ、よくなかったって聞きました」という潰《つぶ》し
- 「えっそれは○○のことでしょ？」という揚げ足取り

緊急を要する話の場合以外は、最後まで話を聴きましょう。もう一度言いますが、人は聴いてもらいたい、わかってもらいたい生き物です。だからこそ聴いてもらいたいという相手の要望をかなえることで相手との良好な関係が築けるのです。

でも、ただ黙って聞いていたのでは話し手も張り合いがありません。自分の話に興味を持って聴いてくれているという安心感、有用感が欲しいのです。それを満たすのが聴き手から発せられるタイミングのいい頷き、相槌です。

相手の話の内容に合った表情と声でアイコンタクトをもって相槌を発しましょう。

相槌の基本は「はい」ですが、時には「ええ」を使うこともあります。

しかし、この二つだけを繰り返していると、話し手は「いい加減に聞いている」「聞き流している」と受け取る場合があります。バリエーションを増やすことを心がけましょう。

ビジネスシーンで同意を示す相槌としては

- 「おっしゃる通りです」
- 「その通りだと私も思います」
- 「ごもっともです」
- 「本当ですね」
- 「はい、よくわかります」

これらは王道として皆さんもよく使っていらっしゃるでしょう。

ただ、気をつけないとこれらは偉そうに聞こえてしまう場合もあるのです。だからこそ、表情や声の表情、アイコンタクトで親身になっている様子を伝えたいものです。相手との関係性を考えて使いましょう。

また、目上の方に対して
「なるほど」

「さすがですね」

は、上から目線と感じられることもあるので注意したいものです。

どうしても口から出てしまった時の応急処置としては「なるほど、そういうことなんですね」「さすがですね、よくわかりました」と一言足すようにしましょう。

「さようでございます」

「さようでございますか」

も慇懃無礼と受け取られる、他人事として受け取られる場合もあります。相手の感情が高ぶっている時に多用することは避けましょう。

案外難しいなと感じていただいたところで、もっと簡単で効果的な相槌はないだろうかと考えました。同意でもなく否定でもなく、受け止める相槌です。

ぜひ**「ふたこと相槌」**をお勧めします。

基本は「そうなんですね」を活用するのですが、その前に「ア行」と「ハ行」の五段活用を応用します。

「あっ、そうなんですね」　今気づいたという様子で

「いゃー、そうなんですね」　驚き・意外だという様子で

「うわぁ、そうなんですね」　びっくりした様子で

「えー、そうなんですね」　驚き・意外だという様子で

「おー、そうなんですね」　深く納得した様子で

「はー、そうなんですね」　感心した様子で

「ひぇー、そうなんですね」　意外でとても驚いた様子で
「ふーん、そうなんですね」　知らなかった、納得という様子で
「へー、そうなんですね」　納得しました、初めて知りましたという様子で
「ほー、そうなんですね」　感心しましたという様子で

馬鹿にしてるのかと怒られそうですが、単純に「そうなんですね」だけよりもよっぽど熱心さが伝わります。わざとらしくないように自然にできるように心がけましょう。繰り返しますが、表情と声に気をつけ、アイコンタクトも忘れずにです。

そして、「聴いています」という姿勢を表明するのに、頷きも効果絶大です。この時に忘れてならないのもアイコンタクトです。相手の目を見て深く頷くだけで、「あなたの話に引き込まれています」「真剣に聴いています」というメッセージが相手に伝わります。

頷きで気を付けたいのは、頷くテンポです。相手が軽快に話している時は、頷き

も軽快に、ゆっくり話している時はこちらも落ち着いてゆっくり深く頷きましょう。話の内容にあった表情でタイミングよく頷くことで、あなたの親身さが相手に伝わることでしょう。

ポイント6　感謝と謝罪は根拠も添えてマメに伝える

日常会話の中で、かゆいところに手が届く人ってどんな人でしょうか?

私は「そうそう、そこそこ」って自分のこだわったポイントを相手がぴたりと言い当ててくださると、とっても気持ちいいなと思うのです。

「これくらい言わなくてもわかるでしょう」

「いちいち言葉にするのは照れくさい」

というのは大変勿体ないことです。相手の心に直接響く感謝や謝罪の言葉はぜひ根拠をもって、理由を添えて出し惜しみせずに相手に届けていただきたいと思います。

例えば、仕事中にコーヒーを入れて差し上げた方から

「ありがとう」だけよりも、

「ありがとう。ちょうど飲みたいなと思っていたところなの」

「やったぁ。ありがとう。入れてもらうとなお美味しい」と言われる方が嬉しいですよね。

例えば、待ち合わせに一〇分遅れてしまった時に
「ごめんなさい。道が混んでて……」と言うよりも
「ごめんなさい。私の不注意で〇〇さんの時間を一〇分も無駄にしちゃいました。申し訳ないです」と言える方がスマートです。

たかがコーヒー一杯、たった一〇分くらいと思うかもしれませんが、この小さなことに丁寧に感謝の言葉や謝罪の言葉を言えることが重要だと実感します。

人は大変高価なプレゼントをもらった時は盛大に感謝を伝え、大失敗をした時は誰もが神妙に反省もすると思います。それはもちろん当然であり、自然なことです。

でも、むしろちょっとした好意やミスに対していかに誠意をもって気持ちを言葉にして伝えるかということが、あなたをより誠実な人、信頼できる人として相手に印象付けることができると私は考えます。

「それくらいしてくれても当然だよね」

「ちょっとくらい許してくれるだろう」

毎日一緒にいる人、親しい人に対して、ついつい甘えが出て知らず知らずのうちに驕《おご》りの気持ちがないでしょうか？

当たり前と思って感謝できなくなってしまうことがとても残念なことだと思うのです。

自戒の念も込めて申しますが、毎日食事やお弁当を作ってくれる人に「ありがとう」なんてめったに言わない。

ついつい用事に追われていると

「あの人だったら五分くらい待っててくれるよね」と甘えてしまう。

このようなことで、知らず知らずのうちにお互いの存在の間に小さなレンガが積まれ、壁ができてしまうと感じます。

ぜひ、感じた思いを言葉にして相手に届けることを意識してみましょう。

例えば、食事を作ってくれた相手に対して「おいしい」のひと言を贈る。贈られた相手もとっても嬉しいと思います。そこで、時々は「おいしい。こんなおいしいものを家でゆっくり食べられるって私は幸せだ」なんていう言葉も届けていただきたいと思うのです。


コーヒーを入れてもらって「ごめん、ありがとう」という場合。

「ごめん」という言葉にはきっと相手に対して慮《おもんばか》ることがあって出てきた言葉です。

「忙しいのに、手をとめてもらってごめんね。優しさ沁みます。おかげで頑張れる。ありがとう」

気心が知れた相手には毎回毎回は大袈裟だなと思われるかもしれませんが、時々は言葉にしてみたいものです。

仕事中にこんな場面はないでしょうか？

パターンA

「今月の領収書、全部入力しておきました」

という報告に対して

「あっ、じゃあ、そのままファイルに綴じて総務に持っていって」

と指示をする上司・先輩はあなたの周りにはいらっしゃいませんか？

パターンB

「この見積り、○○が抜けているように思うのですが」

と言われた時に

「気づいたのなら、付け足してよ」

と、自分の確認不足を棚にあげて次に進めてしまう人はいらっしゃいませんか？

細かいことだと思うかもしれませんがこんな時にこそ、

パターンA

「全部入力してくれたの？　ありがとう。助かるわ。悪いんだけど、そのままファイルに綴じて総務に持っていってもらえるかな？」

パターンB

「あっ、うっかりしてた。申し訳ない。見つけてくれてありがとう。引き続き、訂正もお願いしていいかな？」

どちらの指示者に対してなら、次の行動に気持ちよく移れるでしょうか？

普段から「ありがとう」とよく言っているよという人も、根拠を添えることが大事と意識してみてください。なぜなら、毎回毎回「ありがとう」だけでは受け取る側も慣れてしまって効果が薄いからです。詳しくは四章で述べますが次の事例を想像してみて下さい。
あなたがある飲食店に入った時に
「いらっしゃいませ」と言われても大変歓迎されていると感じるでしょうか？
でも、
「いらっしゃいませ」の言葉がないと不満です。
そこへ
「いらっしゃいませ。お客様、雨の中をご来店下さいまして、ありがとうございます」
と言われたら、ちょっと耳に残りませんか？（もちろんいい声で、いい表情で）

いちいち言葉にしなくてもと思わずに、小さな感謝や謝罪こそマメに丁寧に届けたいものです。「自分に甘く、他人に厳しい」そんな人とは一緒に仕事をしたくないのが常だと思います。

あたりまえと思わずに、相手との関係性を良くする。何より「自分の心を平穏に保ち、成長させる」とっておきのトレーニングだと私は実感しています。

ポイント7　反応は早く、キビキビ振舞うことで関係性を深める

「仕事を頼むなら、忙しい人に頼め」という言葉を聞いたことがおありでしょうか？

いろいろな受け止め方があると思いますが、「忙しい人とはどんな人か」と考えると、

①仕事ができる人
②信頼と安心感が持てる人

だからこそ、その人に仕事が集まり、結果忙しくなると考えるというわけです。
そんな人の行動はどうかと推測すると、まずは「だらだらしていない」と容易に想像がつきます。機敏でスマートです。ドタバタと落ち着きがないというのとは違います。

単純作業や動作に無駄がないと考えるとわかりやすいです。
例えば歩く時、踵《かかと》を引きずるように歩く。この光景はやる気がないのか、体調が

悪いのか、いずれにしても仕事に集中できる状態ではないという印象が伝わってしまいます。まさに足取りが重いという状態ですね。

人間ですから体調が優れない時や、深刻な悩みを抱えている時もあると思います。でも、いつも常態でそのような態度の人から、プラスのエネルギー、やる気やモチベーションを感じることができるでしょうか？

私はなるべくそのような人とは行動を共にしたくないと思っています。私も弱い人間なので、そのペースに引きずられてしまいそうだからです。

日頃の何気ない行動から、「あの人とは距離をおこう」と壁を作られてしまうのはこれまたもったいないことだと思いませんか？

雑用で申し訳ないですが、

• コピーを頼んだら、なかなか戻らず時間がかかる。
• 会議資料の袋詰めを頼んだら、だらだらと手が遅く、無駄も多くて時間がかかる。

ほんとにちょっとしたことで「この人に頼んでもイライラするな」という印象を与えてしまいます。もちろん、頼み方に問題があったり、頼まれた側にも事情や都合はあると思います。だからこそ、お互いに都合を確認し合うことは必要でしょう。

ただ心情として、

「もう少し早く歩けないかな?」

「もう少し効率的に手が動かないかな?」

「もう少し丁寧なお辞儀ができないかな?」

本当に基本的な動作の部分です。雑であることとは違います。雑用こそ、誰がやってもいいような作業こそ、取り組み姿勢や気持ちが行動に振舞いに現れると思います。


お辞儀に関しても、名刺交換の際など中途半端にペコペコ何度も頭を下げずとも、一度きちんと丁寧に腰を折ることができればそれだけで十分です。


私は先ほども申したようにどちらかと言えば動きは鈍くスローなタイプです。

だからこそ、仕事場に臨む時は歩く姿勢に気をつけるようにしています。なおかつ、講義室など部屋への出入りには一礼を欠かさないように心がけています。仕事柄ということもありますが、きれいなキビキビしたお辞儀を意識することで自分自身にスイッチを入れています。

以前、青年会議所様主催のセミナーに講師として伺った際に「入って来られた瞬間に会場の空気が変わりました。安心感がありました」と言われたことがありました。それ以来なお意識しています。まだ何も話していないのに、そのように受け取っていただけるなんて、なんとありがたいことでしょう。相手、つまり聞く側の集中力が上がるということは、それだけでこちらの話を聴いていただける確率や理解度が上がるということです。語らずして相手の聴く耳を立てるということです。

日頃の作業や所作に関して、どうせやらねばならぬことは、だらだらしない。イヤイヤしない。キビキビこなす。

「気微貴美」とでも書きましょうか。細かいことにも気を配りながら、誇りをもって美しくこなす。そんな日常の動作振舞いがあなたの仕事に向き合う姿勢、もっと言えば人生観を伝え、周囲との信頼関係を深めると感じています。
微差は大差です。信頼できる人、前向きな人の話を人は聴きたいのです。

ここまで「信頼力」を身につける、好印象を与えるための７つのポイントをご紹介してきました。特に目新しいこともなく、即効性が感じられないなぁと感じた方もいらっしゃるかもしれません。でも、私はお陰さまで効果を実感しています。話す前から、「この人の話を聴いてみたい」とご縁が繋がり、深くなっていると感謝しています。今後も意識して、さらに磨いていきたいと思っています。

私は、過去に同窓会の受付をしている私の姿をご覧になっただけで、ある方から講演の仕事を頂いたという経験があります。私が卒業した高校は「一般社団法人明新会」という組織がなされ、毎年、年に一度盛大な同窓会が催されます。卒業年次は様々ながら約五〇〇人もの卒業生が集まる会なので受付スタッフだけでも一五名ほどが並びます。

その一五名のうちの一人が私でした。受付が終わると、まるで宝塚の男役トップのような方から呼び止められ「あなた仕事は何をしているの?」と聞かれました。面喰いながらもその方が先輩であることは承知していたため答えると、「名刺を頂戴」とひと言。名刺をお渡しし、後日講演の仕事を頂戴したのです。

また、産業カウンセラーの資格を取るべく約一〇カ月間、隔週末ごとに開催される講座に通っていた時のことです。傾聴の実践トレーニングのグループが数回同じになった方からしばらくして連絡を頂きました。当時の私は福井県を拠点に仕事をしていたのですが、連絡をくださった方のご縁で石川県での研修の仕事を頂くご縁に恵まれました。そのことをきっかけに福井県外、北陸三県にわたる仕事も増えていきました。

受付姿を見てくださった方も、傾聴トレーニングでご一緒した方もいずれも女性ですが、私の実際の講師としての仕事ぶりをご覧いただいたことはありません。ちょっとした所作、言動だけで「この人になら任せられる」と判断されたそうです。ありがたいです。

一期一会の出会い、いつもの慣れ親しんだ間柄、いずれであっても今、自分が置かれた立場で誰に言われるでもなく、自分自身で自分にスイッチを入れられる自分でありたい。信頼力を上げる7つのポイントは好印象をもたらす7つのポイントでもあり、自分を律する7ルールでもあります。あなたも既に実践していらっしゃることがいくつかおありであったのではないでしょうか？

今日から共にさらに意識していきましょう。

第2章

相手の心にひびく「声の出し方」

「音は私たちの潜在意識に訴える」ということを聞いたことがあるでしょうか？もしくは日常生活の中で実感したことはありますでしょうか？

例えば、お店のＢＧＭがさっきまでは全く気にならなかったのに、好きな曲が流れてきた途端に、瞬く間に神経が集中する。または、学生時代に好きだった音楽を聴くと、気持ちが一気にその頃にタイムスリップするというような体験です。

つまり音には感情を動かす力があるということです。

感情を動かすということは、行動にも影響を及ぼす力があるということです。気持ちの良い音はずっと聴いていたいし、耳障りな音の傍はすぐに離れたいのです。聴き手にとって、聴き心地が良い声であれば自ずと聴く気になり、そうでなければ集中力は弱まるということです。

実際に同じ台本であってもお芝居や、漫才などは、演じる人によって印象が変わることもあるでしょう。何を言うかも重要ですが、どんな声、音、間で言うかということもかなり重要であるということです。

この章では、話し手として最低限心得ておきたい「発する音を良好にするテクニック」を身につけていただきたいと思います。

あなたの言葉は相手の耳だけでなく「心」に届いているでしょうか

【話し方基本チェック☑】

1. □ 声が小さいと言われたことがある
2. □ 声に落ち着きがないと言われたことがある
3. □ 活舌が悪く聞き返されることが多い
4. □ 暗い声で盛り上がらないと感じる
5. □ 頭語の第一音があいまいで最初がわかりづらいと言われたことがある
6. □ 語尾があいまいで聞き取れない、はっきりしないと言われたことがある
7. □ 早口で何を言っているかわからないと言われたことがある
8. □ 矢継ぎ早で聞いていて疲れると言われたことがある
9. □ 不要語「えー」「あのー」などのクセがある
10. □ 一文が長く途中で言いたいことがわからなくなる

声の出し方・使い方を意識しよう

☑1.2.3.に✓が付いた人

まずは意識することから始めます。声が小さい人は「相手に聞こえているかな」という意識がないままに話をしている可能性があります。そもそも話すこと自体に苦手意識があったり、相手の目を見ることに抵抗があったりと、自分の思いの中から出られていないのではないでしょうか？

まずは「聞こえているかな」と確認してから本題に入るというくらいに声の大きさに意識を向けましょう。一〇人の前で話さなければならない時には自分から一番遠い人に視線を向け、その方に届く声を意識することが大切です。一見、あたりまえのことのようですが、話すことばかりに気をとられていて、聞き手の状況にまで気が回っていないのが現状だと思います。「届く声」を意識しましょう。

落ち着いていて聞きやすい声というのは、安定感と信頼感があります。

そこで、安定した声量を保ちながら、張りのある声を出すためには、口を大きく

胸式呼吸	腹式呼吸
肋骨の間の筋肉(肋間筋)を伸び縮みさせ、肺を横に広げることで空気を吸い込みます。	肺の下の横隔膜を下に下げることでより多くの空気を吸い込みます。
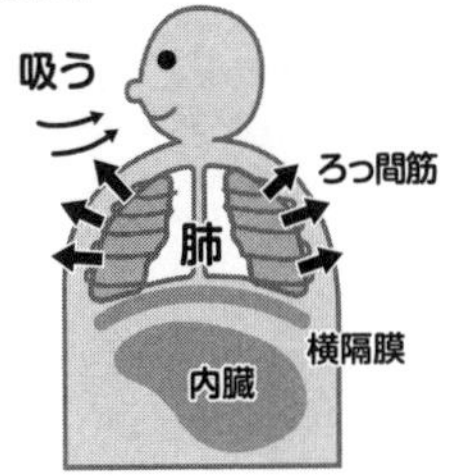	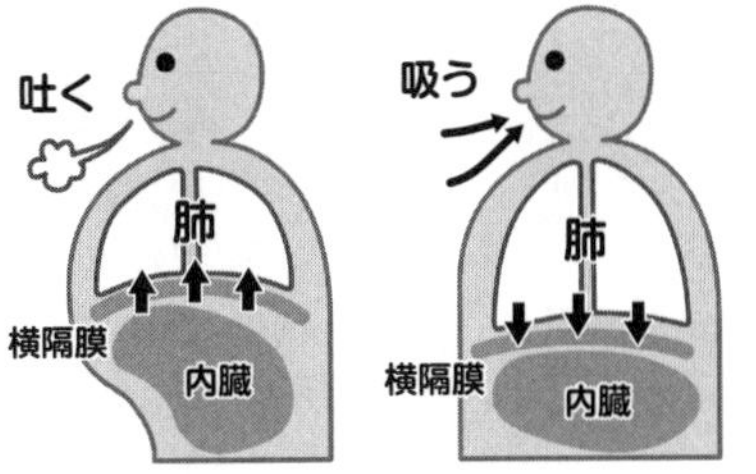

開けて、さらに喉も大きく開いて発声練習をすることが望ましいです。

その時に呼吸法にも気をつけましょう。

一般的によく言われていることですが、胸で呼吸する胸式呼吸はどうしても呼吸が浅いので溜められる息の量も少ないです。吐く息の量や息を吐き出す力が弱いと、弱々しい声になってしまいます。また、頻繁に呼吸をしなければならないので、息継ぎが多く、どうしてもせわしない印象になってしまいます。

一方の腹式呼吸では横隔膜を大きく動かしてお腹に息を溜めるように呼吸を行なうため、胸式呼吸よりも深い呼吸を行なうことができます。肺活量を上げることができるので胸式呼吸に比べて一息でも太く、長く話すことができます。
話し方の本の多くが、口をしっかり開けて発声練習をすることを推奨しています。腹筋運動をしたら腹筋が鍛えられるように、発声活舌練習をしたら、口の筋肉も舌も滑らかに動き、声帯も鍛えられるのです。もちろん正しく動かすことが前提条件です。

では、活舌をよくして一音一音をわかりやすく明確にしましょう。
そのためには母音の音を正しい口の形で発声します。一音一音正しい形で発声することができるようになると、わかりやすい話し方になるための課題の七〇％はクリアしたと言えるほど影響力が大きいです。

「上の歯も下の歯も見えることを意識する」としていますが、見えない時と見える時を実践していただくと見える時の方が、音が遥かにクリアであることがおわかりいただけることと思います。声の明るさを感じることができるはずです。この口の

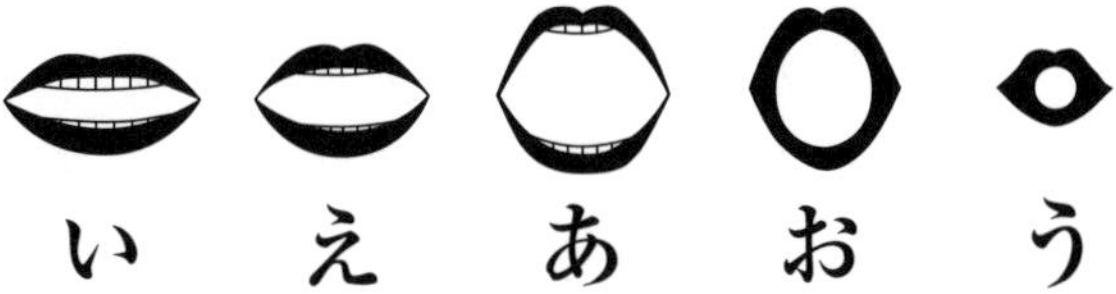

い・・・

横にしっかり開き、喉が舌を引っ張るイメージ。高齢になり、喉の筋肉が緩むと舌が歯よりも前に出てきてしまうので気をつけよう。上の歯も下の歯も見えることを意識する。

え・・・

いの発音よりもう少し縦に口を開け、指３本が横に収まることを確認。舌を少し折りたたむようなイメージ。上の歯も下の歯も見えることを意識する。

あ・・・

縦にしっかり開いて、指３本が縦に収まることを確認。扁桃腺の検査をするように喉も開ける。上の歯も下の歯も見えることを意識する。

お・・・

口の中がトンネルのように響きがあることを確認。ゆで卵を唇で抑えるイメージ。

う・・・

唇を中央に寄せて、細く息を吹くイメージ。

↓

ア エ イ ウ エ オ ア オ オ ア オ エ ウ イ エ ア
カ ケ キ ク ケ コ カ コ コ カ コ ケ ク キ ケ カ
サ セ シ ス セ ソ サ ソ ソ サ ソ セ ス シ ゼ サ
タ テ チ ツ テ ト タ ト ト タ ト テ ツ チ テ タ
ナ ネ ニ ヌ ネ ノ ナ ノ ノ ナ ノ ネ ヌ ニ ネ ナ
ハ ヘ ヒ フ ヘ ホ ハ ホ ホ ハ ホ ヘ フ ヒ ヘ ハ
マ メ ミ ム メ モ マ モ モ マ モ メ ム ミ メ マ
ヤ エ イ ユ エ ヨ ヤ ヨ ヨ ヤ ヨ エ ユ イ エ ヤ
ラ レ リ ル レ ロ ラ ロ ロ ラ ロ レ ル リ レ ラ
ワ ウェ ウィ ウ ウェ ウォ ワ ウォ ウォ ワ ウォ ウェ ウ ウィ ウェ ワ
ガ ゲ ギ グ ゲ ゴ ガ ゴ ゴ ガ ゴ ゲ グ ギ ゲ ガ
ザ ゼ ジ ズ ゼ ゾ ザ ゾ ゾ ザ ゾ ゼ ズ ジ ゼ ザ
ダ デ ヂ ヅ デ ド ダ ド ド ダ ド デ ヅ ヂ デ ダ
バ ベ ビ ブ ベ ボ バ ボ ボ バ ボ ベ ビ ブ ベ バ

形を意識して音を出してみましょう。

ここでは一般的なものを右に掲載しておきます。

腹式呼吸でたっぷりお腹に息を吸い込んで、一息で縦に読み、発声してみてください。早く言うことよりも一音ずつ区切って明瞭な音を出すことを意識しましょう。

文章に表情をつけよう

☑4．5．に✓が付いた人

次に、「声が暗い、話が盛り上がらない」ということについてです。これらは、明るさや抑揚がないことが原因と考えられます。

そこで解決策としては、話す相手が三人までなら、ご自分の音階の♪ミの音で話し始めます。それ以上の人数であるなら、ご自分の音階の♪ソの音で話し始めます。

最初の一音は特に大事です。

耳に届く時に

a「ぉはようございまぁす……」と聞こえるか
b「おはようございます」と聞こえるか

a「つらっしゃいませぇ〜」と聞こえるか
b「いらっしゃいませ」と聞こえるか

それぞれａｂこの二つの違いがおわかりでしょうか？

一音目の音が明るく明瞭に聞こえることで、丁寧さや誠実さが伝わります。必ず一音目を意識して発声してみてください。文章が改まれば、また同じように一音目を意識して発声します。

話すペース、スピードとしては、会話中であるなら相手と同じテンポが一番良いでしょう。ただ会話中も一つの文章の中で速さを変えます。早いところ、ゆっくりであるところと緩急をつけます。

例えば次の文章のように

ゆっくり　　　　速く

ある日、恐ろしい**マグロが**凄い速さでミサイルみたいに**突っ込んできた**。

そして、「恐ろしい」「凄い」などの形容詞はその言葉にふさわしい声を出すようにすると臨場感が伝わります。語りに表情が付き、聴いている人が引き込まれていきます。

また、盛り上がりのためには一本調子にならぬように抑揚をつけます。

有名な絵本の次の文章のように

①　　　②　　　③

スイミーは**考えた**。いろいろ**考えた**。うんと**考えた**。

①より②、②より③の方が、考えが広がり深まっている様子をメリハリのある声で表します。

「いろいろ」「うんと」を強調するように声の強弱も活用しましょう。

抑揚で大事なことは、文章の最初の音を高く発声し、途中にも抑揚や強弱をつけながら文末、語尾はストンと音の高さを落とすこと、つまり低くすることです。語尾上げや語尾伸びは軽薄な印象を与えるので厳禁です。しっかり声の音程を落とすことで信頼度を上げると肝に銘じましょう。

抑揚や強弱のテクニックには言葉に気持ちを込めることが必要なので、先述のような絵本の「スイミー」などで練習するとわかりやすいと思います。何より、練習していても気持ちが入り込めるので楽しいです。効果的であるため、私の講義などでは大いに取り入れています。気になる方は、お好きな絵本や物語などで練習してみてはいかがでしょうか？

間（ま）を制すものが場を制す

☑ 6.7.8.に✓が付いた人

会話は一方通行ではなく、双方向が望ましい。つまり、聴いた相手が受け取った言葉を理解する考える時間が必要です。だからこそ、そのためにも「間《ま》」は重要なのです。

例えば、

「今朝の新聞記事で気になったことはないでしょうか？」と問いかけたとします。

聴き手は

「今日は……」と考え始めます。

せめて三秒の間は欲しいところです。でも、話し手が原稿を棒読みするかのように間髪入れずに次の言葉に移ってしまうと、聴き手の脳は戸惑ってしまいます。そのようなことが二、三度続くと聴き手の脳は、「答えなくていいんだな」と認識して聴き流してしまうようになります。それだけで聴き手の集中力が落ちてしまうのです。

また、質問や問いかけをしない場合でも、やはり「間」は必要です。聴き手が心の中で返事をする時間だからです。心の中で返事をする、つまり納得しながら話を聴いてくれるリズムをとっているので

「、」は一拍

「。」は二拍

と意識して心の中で数えながら、上手に間をとりましょう。この間を上手に使いこなせるようになると、話し手としての存在感や威厳を醸しだせるようになります。

そして何より、自分を落ち着かせることができます。落ち着いた話し手には信頼も寄せられるのです。

また、間をとることによって聴き手を惹きつける絶妙な効果があります。

例えば

a「今回のイベント成功のカギは**スタートの速さ**だと思います」
b「今回のイベント成功のカギは（間1.2.）**スタートの速さ**だと思います」

この例文を声に出して読んでいただくとわかりやすいと思います。「スタートの速さ」という伝えたいことが、間をとることによって一層際立ちます。ぜひ、効果的に活用してください。

このように上手に間を活用し、信頼を得る話し方のためにはしっかり文末まで言い切ることが大事です。語尾を濁すということは、相手に自信がない印象を与えます。また、聴き手に「文末は想像しろ」「言わなくてもわかるだろう」と委ねることになり、自分は語らないので横着であるとも考えられます。

例えば
「ちょうど今、在庫を切らしているのですが……（無言）」
こんな間の取り方だけは避けたいものです。相手に考えさせる同じ「間」であったとしても歓迎できるものではありません。「ちょうど今、在庫を切らしているのですが、いかがいたしましょうか?」と文末までしっかりお伝えしましょう。

聴き手がいてくれてこそ会話が成り立ちます。相手が一人でも複数でも同じです。複数の場合にはなお、間をとりながらゆっくり話すことを心がけたいものです。ただむやみに言葉を発する一方的なおしゃべりではなく、聴いてもらって理解してもらいたいという目的を持った会話、対話であれば尚のことです。相手が理解する時間、返事をする時間を持ちながら、相手の反応を伺いながら話をすることを心がけましょう。コミュニケーション、会話は双方向であってこそ成立するものです。

文章を簡潔にわかりやすく整理しよう

☑9.10.に✓が付い

人は誰でも難しいことより、簡単なこと、シンプルなことの方が理解しやすいです。そのために**「話し癖」「無駄」は省きましょう。**

「えー」「あのー」という言葉癖、不要語はなくしてすっきりさせます。自分でも無意識に発してしまうからこそ癖なのですが、意識することで減らすことができます。間があることは悪いことではないと学んだわけですから、間を恐れず、考える時は口を閉じます。

「次に何を言おう」と考える時に、ついつい「えー」と発してしまうことはよくあります。でも、口を閉じて第一声の第一音を大事に発すること、言葉をしっかり吟味して選ぶことに意識を集中しましょう。

「ビールの美味しい一口目を味わうために、直前の水分補給を我慢する」

「週末のケーキバイキングのために平日の食後のチョコレートを我慢する」

といったところでしょうか。(笑)

焦点を絞ってそこに力を傾け、余分なことに口を開かないということです。

前述で「文章の最初の音を高く発声し、文末，語尾はストンと音の高さを落とす」

と記しました。改めて、記すと助詞や助動詞を発する時に上げないということです。

例えば

「私はお客様の予算を知りたい」この文章を分解すると

名詞　助詞　名詞　助詞　名詞　助詞　動詞　助動詞

私／　は／　お客様／　の／　予算／　を／　知り／　たい

私はぁ↗　お客様のぉ↗　予算をぉ↗　知りたい↗

文法のことはともかくとして、文節の終わりごとに伸ばしたり、トーンを上げたりしないということです。

特に「です」「ます」に関しては気をつけましょう。

幼稚な印象を与えますし、滑らかさが感じられず、耳障りです。ビジネスではマイナスイメージであると意識して直しましょう。

また、節回しの癖が気になる方もいらっしゃいます。

例えば

●自分で語りながら、自分で「はい」と返事もしながら話す

●「○○でね、○○になってね、○○って感じなんですよね」と文節ごとに「ね」をはさむ

●「説明させていただきます」「○○させていただく」の多様

⬇「説明いたします」がスマートです。

「○○させていただく」は相手や第三者の許可が必要な時に使うことが望ましい

●「説明させていただきたいと思います」

⬇「説明いたします」で十分です。

今から直ぐに始めることですから「思います」は不要です。

上げればキリがないことですが、私も意識しないとついつい出てしまいます。気をつけたいものです。

わかりやすくするために一番意識しているのは「一文を短く話す」ということです。

以前、私自身が指摘を受けて常に気をつけていることです。

お恥ずかしながら司会者としてのキャリアがあったため、よどみなく話すことに自信がありました。聴いてくださる方の反応を見ながら話せると思っていました。

そのため、次から次へと言いたいことがあふれ、一文がとっても長くなってしまったのです。

これは、悪い例です。

「結婚式のブーケトスのハプニングなのですが、その日はたくさんのお客様にお集まりいただいて、お子様からご高齢の方までほんとにたくさんで、皆様とってもおしゃれをしていらしたのですが、中には真冬なのに、とっても薄着の方もいらして、風邪をひかないかなぁと心配していたのですが、新郎新婦様のお姿が見えると、一段と張り切ってフラワーシャワーで祝福していらして、その様子がとっても楽しそうで、他のお客様からも注目を浴びていらっしゃって、ブーケトスの頃にはたくさんの応援団がつくくらいになっていて、花嫁さんがトスしたブーケを見事に皆さんの期待に応えてキャッチすることができたんですが、その方は既に結婚していらして、独身じゃなかったので結局は独身の妹さんにプレゼントすることになったんですが、なんでそんなに張り切っていたかというと、実は妹さんが二年も片思いしてるらしいのですが、なかなか告白できないので勇気を与えたかったらしく頑張ったそうなんです」


お読みいただいたことも心苦しいです。

たいして意味のないことをつらつらと語るだけでした。実はこの文章には一度も「。」が無く一文で構成されています。恐ろしいことです。耳で聴いているだけではよほど集中しない限り、状況が伝わらないと思います。何より、この文章では何を一番伝えたかったのか、全くわかりません。聴いている人も困ってしまったと思います。

「わかりづらい、結局一番言いたいことが伝わってこない」と指摘されました。

そこで、一文は六秒で言い切れる長さにすることを意識し始めました。きちんと「。」で終わってまた、次の文章を話し始めればいいのです。六秒で話せる文字数は約三〇文字と意識しています。一文には要件は一つだけにします。複雑なことは一文に、二つも三つも盛り込まないように気をつけています。

どうしても長くなりがちな方は

「私は……考えます」

「私の考えは……です」

「今回の主旨は……です」

と主語を明確にして話し始めることを意識してみましょう。

また、**あえてひと言で言う癖をつけてみる**のも有効かと思います。

例えば

「ひと言で言うと、妹への励ましです」

このように

「ひと言で言うと……です」

「ポイントは……です」

というように、自ら短くすることを意識するような切り出し、構成を選ぶのも効果が高いと思います。話し手の頭の中も整理され、言いたいことも伝わりやすいでしょう。他にも知っておくと大変有効な話法については三章で詳しく紹介していますので、そちらをご活用ください。まずは、短く話すことを意識しましょう。

そして、言いたいことが一つに絞れない時は**「数字化表現」**が助けてくれます。

例えば

「今回のポイントは三つあります。

一つ目は○○

二つ目は△△

三つめは□□　です」

この数字化表現は三つまでが良いとされています。それ以上だと多くの人は覚えきれないからです。

また、

「こちらはたくさんの方に支持されています」という表現よりも
「今回一〇〇名の方にお越しいただき、九二名の方がこちらを支持してくださいました」と伝える方がより伝わります。

「結構長いキャリアがあります」という表現よりも
「高校を卒業してから四二年のキャリアがあります」と伝える方が、この道一筋で頑張って来られた様子が一瞬で伝わります。これもまた、数字化表現の効果です。

ぜひ活用しましょう。

それでは、この章でお伝えしたことを意識して次の文章を声に出して読んでみてください。

ゆっくり　だんだん速く　間　ゆっくり

私が／仕事を順調に進めるために大切にしていることは／日頃の挨拶／です。

私が考える感じの良い挨拶の条件は／三つあります。

一つ目は／笑顔を添える

二つ目は／アイコンタクトを添える

三つ目は／相手の名前を添えることです。

ゆっくり

この挨拶のおかげで、相手との**関係を良好に保ち、**

ゆっくり

いつでも相談しやすい環境を自分で作っています。

おかげで仕事も順調です。

いかがでしたでしょうか？　一音目を明瞭に大事に高いトーンで発し、語尾はしっかり落とす。テンポや抑揚、強弱に気を配る。言いたいことの前には「間」をとる。短い文章、数字化表現でわかりやすく印象付けます。言葉遣いは、話してこそ上達します。実践していきましょう。

自然界に学ぶ五つの声作り

空・大地・風・岩・光

音について「声づくり」についてもう少しお伝えします。

時々、「どうしたらいい声になりますか」とお尋ねいただくことがあります。私も若い頃、きれいな司会者の声に憧れ、自分の声を残念に思っていた頃がありました。けれど、年を重ねるにつれ、考えが変わってきました。

指に指紋があるように声にも声紋があります。それは一人一人の個性だと思います。苦しそうに辛そうに無理やり絞り出すよりも、自然に流れ出ることを理想とした いです。誰かと比べてではなく、自分の中のベストを見つけられれば良いのではないでしょうか？

そんな中で私は自然に気持ちが声に乗るようにイメージすることがあります。声を使い分ける時の参考にしていただければ幸いです。

「空」の声

こちらは青く広がりのある空をイメージします。明るく爽やかなイメージです。

「おはようございます」

「ありがとうございます」

「素晴らしいですね」

口を大きく開き、明るく、高めの声です。もちろん表情は笑顔です。相手と良好な関係を築きたい時に有効です。

「大地」の声

こちらは植物を育てる力強さをイメージします。しっかり受け止める、頼もしさのイメージです。

「確かに承りました」

「大変勉強になりました」

「よく報告してくれましたね」

口は開きつつも、声のトーンは少し低めです。受容する強さや優しさが伝わる真剣な表情です。信頼を築きたい時に有効です。

「風」の声

こちらは空間を突き抜けるイメージです。場面転換を図る、注目を集めるために旗を振るイメージです。

「皆様、よろしいでしょうか」

「注目していただきたいのはこちらです」

「お客様（呼びかけ）」

滑舌よく、キビキビと少し高めのトーンで話します。相手を誘導したい時、重要なことを伝えたい時、提案の時に有効です。

「岩」の声

こちらは、まさに固く重い、動かないイメージです。目の前のことから逃げない、またはブレないイメージです。

「大変申し訳ございませんでした」

「私どもの不手際でございます」

「お詫びのしようもございません」

滑舌はよく、声のトーンは低くします。お詫びの時、悲しみに暮れる時、重い心情を表す時に神妙な面持ちで発します。決して逃げない誠実さも意識します。

「光」の声

こちらはまさに春陽、慈愛に満ちたイメージです。温かく柔らかな、誰もが安らぐイメージです。

「大変だったね」
「あなたらしいと思います」
「ここまで、積み上げてきたから大丈夫」

相手が落ち込んでいる時や、深刻な時は、いきなり空のイメージでは少し温度差が感じられるかもしれません。慰める時、ゆっくり励ます時、落ち着いたトーンでゆっくり優しく発します。

特に空や大地、風の声に関しては意識することで話にリズムや抑揚が生まれ、相手を引き付け、飽きさせない効果があります。声に感情を乗せることであなたの思いが相手に届くことを期待しています。

第3章

相手に伝わる「話のつくり方」

この章でご紹介するのは、これさえ覚えておけば、かなりわかりやすく伝えることができるという究極の方法。話し方のテンプレートのようなものです。オーソドックスなもの三つだけなのでぜひご活用ください。効果抜群であることをお約束します。

その1「PREP（プレップ）法」
"結論先出しで相手をひきつける"

PREP（プレップ）法とは四つのパートで構成されています。

各パートの構成要素は「PREP」の四つのイニシャルの頭文字を表しています。

❶「P：Point（結論・要点）」……………自分が最も伝えたいこと
❷「R：Reason（理由）」……………結論に至った理由
❸「E：Example（具体例・事例）」……理由に至った実例

❹「P：Point（結論・要点）」……………自分が最も伝えたいこと

という順序と決まっています。

話をする時にはPREP法の構成のこの順番に沿って伝えていけばいいのです。つまり「結論→理由→具体例・事例→再度結論」の順番で話を展開するということです。

実は、この構成は聞き手にとって一番素直に聞ける流れなのです。プレップ法を使うメリットは三つあります。

(1)結論先出しで自分の最も伝えたいことが最初に伝わるので誤解が起きにくい
(2)聞き手の心理「もっと知りたい」欲求を満たすストーリー構成で素直に相手に届く
(3)事例により説得力が増すので、相手にもわかりやすく理解や納得を得やすい

それでは各パートの注意点を解説していきます。

❶の結論はシンプルに言い切ります。ここがダラダラ長いとポイントがぼけて、聞き手が飽きてしまいます。いかにシンプルに言い切って相手の興味を引くか、釣りをする時の餌のように、食いつかせることが目的です。ネットニュースの見出しがとても良いお手本です。興味をそそられ、思わず続きが気になってクリックしてしまう。まさしく、一文を六秒で言い切るくらい三〇文字で収まるように工夫しましょう。

❷の理由は「なぜなら……」「なぜかというと……」「理由は……」というようなフレーズで始めると効果的です。

なぜなら、❶の結論をいきなり聞かされた聞き手は「どうしてだろう」とその理由を知りたくてしょうがないからです。そんな状態の時に、まさに「なぜなら……」と一番欲しい言葉を聞けるからです。聞き手はさらにいっそう話にひきつけられて前のめりになります。

ここも❶同様にあまり長くならないようにしましょう。大まかな理由を伝え、続いて詳細であり、具体的にかみ砕いた事例の❸に繋げます。

❸は具体的な事例を出しながら、わかりやすく詳細に伝えましょう。
気をつけることとすれば聞き手が想像できる事例を用いることが大切です。

例えば、

「ものすごく軽いです」

「四〇グラムととっても軽いです」

「おおよそ、卵一個分くらいの重さです」


このように、どんな表現が相手にとって望ましいのか、わかりやすいのかも判断しながら言葉を選ぶと尚効果的です。

また、たとえ話などにも工夫が必要です。

シルバー世代にわかりやすい事例、団塊世代が納得しやすい事例、子育て世代が興味深い事例など、たとえ話も相手の背景を考えて選ぶことが大事だということにも意識を向けていただきたいと思います。

❹そして最後にもう一度結論を持ってきます。

大事なことは二度お伝えします。「以上の理由から私は○○○と思います」とここもコンパクトにインパクトをもって納めましょう。だらだら長いとインパクトは薄まります。そして、このキーワードは原則として最初と同じキーワードを使います。違う言葉であれば結論がブレているということです。説得力に欠けてしまいます。選び抜いた言葉を最初と最後に使いましょう。結論と結論で詳細をサンドウィッチするのです。食パンは食パン、バンズはバンズで組み合わせましょう。

では、プレップ法を使ってクレーム対応をする時の事例を見てみましょう。

ケーススタディ① 行政処置に関して住民から苦情を受けた際の行政側の説明

広場やブランコ、砂場など子供用遊具も設置され、いろいろな世代にとって憩いの場であるみどり公園。ところがここ数年、このみどり公園でのトラブルが多く報告されるようになった。トラブルの一部は以下のようなことである。

- 昨年二月に三歳の男の子が、散歩中のリードを放した犬に噛まれ、大けがをした。
- 四月には犬同士のじゃれ合いが噛みつき合いになり、周囲を巻き込んで飼い主同士の訴訟問題に発展した。
- また小さい子供が遊ぶ砂場に犬の糞が大量に放置されていた。
- 子供が遊んでいたボールを犬が噛んでしまった。
- ボランティアの方が管理をしている公園内の花壇が荒らされた。

以上のような事例が報告されている。

そこで行政としては住民の皆様の公園での安全と快適性を確保するため今年度四月から一年間は動物の立ち入りを禁止して様子をみることにした。この決定はトラブルが相次ぎ、住民の方からの陳情を汲み取ってのことだ。住民の方へは入り口の立て看板等で告知した。しかし、まだ広く周知されていないことや、立ち入り禁止に納得のいかない住民の方から、問い合わせやクレームも多い。

■苦情をおっしゃる住民の方の言い分

「今まで、自由に犬の散歩をしていたみどり公園で、『犬を連れてくるのは違反だ』と注意された。自分は犬を放したりせず、糞の始末もきちんとしている。公園はみんなのものだ。なぜ、急にそんなことを言われるのかわからない。聞いてない。説明してほしい。」

■行政の対応

スペシャルエッセンス〔お客様の心情に配慮した言葉〕

お客様、ご事情は承知いたしました。ご案内が足らず大変申し訳ございませんでした。お客様のお怒りごもっともです。リードを放すことなく、糞の始末などもきちんとしていただき、エチケットを守ってご利用いただいているお客様のような方には、今回の対処は私どもとしましても大変歯がゆい思いでおります。

公園はみんなのものだとおっしゃるご意見もごもっともでございます。その上、私どもの周知方法につきましても行き届かずご迷惑をおかけしたこともお詫び申し上げます。重ね重ね全くもって心苦しい限りでございます。大変恐縮ですが、今回の対処についてご説明いたします。

【結論】

結論から申し上げて、今年度からみどり公園には犬などペットを連れて入ってはならないという決まりになりました。

【理由】

なぜなら、ご利用者様の安全性と快適性の確保のためです。

【詳細・具体事例】

実は、お客様のようにエチケットを守ってご利用いただく方もいらっしゃいますが、そうでない方も大変多く、住民の皆様からの苦情が後を絶たないという状況だからです。

具体的に申しまして、

- 昨年二月に三歳の男の子が、散歩中のリードを放した犬に噛まれ、大けが。
- 四月には犬同士のじゃれ合いが噛みつき合いになり、周囲を巻き込んで飼い主同士の訴訟問題に発展。
- また小さい子供が遊ぶ砂場に犬の糞が大量に放置。
- 子供が遊んでいたボールを犬が噛んで破壊。
- ボランティアの方が管理をしている公園内の花壇が荒らされる。

等、ここ三年間で苦情が二倍にも膨れ上がる事態となってしまいました。私どもとしましても非常に心を痛めております。ですが、まずは何よりも安全性を確保することが第一と考えた次第でございます。

【結論】

以上のような状況から判断いたしまして、今年度からみどり公園には犬などペットを連れて入ってはならないという決定に至りました。

きちんとエチケットを守っていらっしゃる方にはご不満な点もあろうかと存じますが、何卒ご理解とご協力を頂きたくお願い申し上げます。大変恐縮でございますが、しばらくはこの状態で様子を見ていただけないでしょうか？

ケーススタディ② 若手に「なぜランチも上司に付き合うのか」と聞かれた時の説明

スペシャルエッセンス〔相手の心情に配慮した言葉〕

状況や、相手にもよると思うから絶対的な正解はないと思います。それでも私なりの考えを伝えるから、参考にしてその後、あなたの意見を聞かせてくれるかな？

【結論】

誘われて自分に余裕がある時に、ランチにお供するのは、仕事をしやすくするためだよ。

【理由】

なんで仕事がしやすいかっていうと、わからないことがあった時に気軽に相談しやすくなるから。

【詳細・具体例】

普段、それぞれに仕事をしていて、みんな忙しいし、お互いの仕事の状況とかはわからないよね。でも、ランチの時ってどんなことしているのか聞きやすいんだ。そうすると、その人の得意分野とかがわかって自分の仕事のヒントなんかをもらえたりする。もちろん自分が何をしているかもわかってもらえるのもいいよ。

それに、仕事以外の話でもなんでもいいから、ちょっとでも話しておくと、仕事でわからないことがあった時にこっちから声がかけやすい。なるべくなら相談できる人をたくさん持っておいた方が自分も助けてもらいやすいからね。この前なんか、作るのに二日はかかるなって思ってた資料、高畑さんに過去のデータをもらったら二時間でできちゃって、とっても助かったよ。

【結論】

だから、少々面倒なこともあるかもしれないけど、ランチにお供すると仕事がしやすくなると私は思っているんだ。

いかがでしたでしょうか？

プレップ法はクレームを受けるというハードなシーンでの説明や、気軽な会話においても結論先出しで相手をひきつけて、聞き手の心理に添って話を進めていくことができます。

今回の事例ではお伝えしていませんが、主に活用されるのはプレゼンテーションや報連相のシーン、自己紹介などにも効果的です。あなたもぜひご活用ください。

その2「ホールパート法」
〝全体像を伝えて聴き手を安心させて話に引き込む〟

こちらもプレゼンテーションに効果的な話法です。聞き手に最初に全体像、概要をお伝えすることでイメージしてもらいやすくなります。

単純な事例で説明いたします。

例えば京都駅から桜満開の金閣寺への道順をお伝えする時に

「京都駅から金閣寺に行く時には最寄り駅が無いので、色々乗り継いでもらわないとダメなのですが、タクシーが楽で速いと思うかもしれませんが、いつもなら二〇分くらいですが桜のシーズンは道路がすごく混むので、時間はどれくらいになるかわかりませんし、だいたい三〇〇〇円はかかるかなって感じです。二人で乗れば……、三人で乗れば……。あと、バスは直接行けるバスもあるんですが、乗り場〇〇のバスは……五〇分くらいかかるか、混んでいれば、もっとかかると思います。なので、地下鉄で……北大路駅まで行ってそこから……。あとJRで行くとすれば……」

いろいろな行き方を説明してもらっていますが、果たして何通りあって、どれが一番望ましいのかわかりづらいです。

これをホールパート法に当てはめてみたいと思います。

【Whole】

「桜満開の金閣寺へタクシーを使わない、京都人の私がお勧めする三つのルートをご紹介します。

一つ目は乗り換えなし、市バス直行ルートです。

二つ目は時間短縮、地下鉄&市バスルートです。

三つ目は速くて安い、ＪＲ&市バスルートです。

【Part】

まず一つ目の市バス直行ルートですが、乗り場□□のバスはＡ地を経由して……、金閣寺前というバス停で降りて、そこから徒歩三分で着きます。所要時間は混雑を見越して約五〇分、料金は二三〇円です。

二つ目の地下鉄&市バスルートは地下鉄……約三二分、四九〇円です。

三つ目のＪＲ&市バスルートはＪＲ……約三〇分、四二〇円です。

【Whole】

以上のように、タクシーを使わずに、混雑する京都市内をいかにすり抜けて、お目当ての金閣寺にスムーズにたどり着けるか、という三つのルートをご紹介しました。歩く距離や、乗り換えの心配など、いろいろ考慮されてご自身に一番よいと思われる、ぴったりのルートを選んで安全に旅を楽しんでください」

（※時間・料金についてはあくまでも目安ですのでご注意ください）


「おっ　なんか整理されててわかりやすい！」とお感じいただけましたでしょうか？


最初に聞き手は、【Whole】の部分で話の全体像・結論を把握します。今回の場合は、タクシー以外のお勧めのルートが三つあるということを理解します。

続いて【Part】の部分ではルートごとに、聴き手はバス停の名前や、乗車時間、徒歩時間、乗り継ぎ時間など細かい情報を把握しながら、これは乗り換えなしのバスルートだな。二つ目の地下鉄からバスに乗り換えるルートは……。三つ目のＪＲ

のルートは……と一つずつ整理して聴くことができるので安心してメモをとれます。
そして最後にもう一度全体像・結論【Whole】を聴くことで、タクシー以外のルートの有用性、要点がわかりやすく伝わります。

では、ここでホールパート法の方程式の特徴をご紹介します。

■全体像から詳細へ

ホールパート法は、まずは伝えたい全体像・結論（Whole）を最初に話し、その後に詳細（Part）にうつり、最後にもう一度最終結論（Whole）に戻って話を締めくくるという話法です。話し手は万が一、話が少々脱線しても、軌道修正がしやすく元に戻りやすいです。

聞き手にとっても最初に全体像が見えているため、説明の道筋を把握することができます。また、詳細部分で数字や専門的な言葉、コアな情報をもし聞かされたとしても、今、何についての詳細情報かがわかっているので、理解しやすく、安心して聞けます。

■数字化表現で聴き手の集中力を持続させよう

このホールパート法を使う時は、最初に簡潔に全体像を話したあと、これから話す要点、ポイントについて「数字化表現」を使うと効果的です。前述のように「お勧めするルートが三つあります。一つ目は〜」のように、いくつ伝えたいことがあるかを提示しましょう。聞き手は「三つ目まで聴くんだな」と覚悟して集中力を保ってくれます。

さらに、「旨い」「安い」「速い」のように各パートの語感をそろえると尚インパクトがあり、効果的です。詳細「旨い」の部分では美味しさについてとことん語ります。「安い」についてはなぜこの価格が実現したか、または他社比較など「安さ・価格」について語ります。「速さ」も同様です。

なお数字化表現は三つが良いとされています。三つ以上はなかなか覚えきれず、ピントもずれます。かといって二つは少ない気がします。「松竹梅」とあるように三という数字が、なじみがいいですね。また、説得するに具体的な数字データや事例が効果的なことは先述のとおりです。

■短時間で要点が伝わり記憶に残りやすい

短時間で要点をしっかり伝えたい時やプレゼンテーション、また膨大な資料の要点をかいつまんで報告しなければならない時などに、このホールパート法がお勧めです。

それぞれのパートについて、話す時間を事前に決めて時間管理をすれば、時間が足りなくて伝えたいことが伝えられないということもなくなるでしょう。話をするのが苦手という人でも使いやすいと思います。ぜひご活用ください。

ケーススタディ

化粧品のセールストーク

【Whole】

この夏発売のファンデーション「シャイン」は暑さコントロールのための三つの優れた特徴を持っています。

一つめは、皮脂や汗を抑えて「涼しい顔」が保てます

二つめは、「毛穴をカバーして」きめを整え、つるつる肌に導きます

三つめは、厚ぼったくなく「サラッとした薄付き」で化粧崩れを防ぎます

【Part】

まず、一つ目の皮脂や汗対策ですが……皮脂吸収のための「オレインキャッチャー」がメイク崩れの原因となる皮脂の成分「オレイン酸」だけを選んで吸収します。お肌のツヤに大事な皮脂は吸収せずにメイク崩れを防いでくれます。

二つ目の毛穴対策ですが……この毛穴トリックパウダーは、実際の毛穴の三七万分の一の細かさの微粒子パウダーです。開いた毛穴にも浅いキメにもしっかりおさまってたちまちフラット肌へと……。

三つ目の薄付きの特徴は……ストレッチネットジェルが……しわやよれを防いで夏ツヤ肌を持続させます。

【Whole】

以上三点が新ファンデーション「シャイン」をお客様に自信をもってお勧めしたいポイントです。軽やかで、そしてつや肌でこの夏を、快適に美しくお過ごしいただけるファンデーションです。きっとお客様にご満足いただけると思います。ぜひお試しになりませんか？

いかがでしたでしょうか？

男性の方には馴染みのない事例をあえてご紹介しましたが、この商品（架空名）の良さは伝わったのではないでしょうか？

女性の方にとっても聞きなれない言葉もあったかと思いますが、このファンデーションを試してみたくなりませんでしたでしょうか？

その3「DESC法」“感情を抑えて、言いにくいこともしっかり伝える交渉術”

「アサーティブコミュニケーション」という言葉を聞いたことがあるでしょうか？

攻撃的でもなく、受け身的でもない。相手の言うことも受け止めるし、自分の言いたいことも伝えるというコミュニケーションです。あなたもＯＫ、私もＯＫというスタイルです。

そうは言ってもお互い言いたいことを言いながら、意見が違う場合は落としどころを見つけるか、妥協点を見出さなければなりません。そんな時に活用して頂きたいのがこのＤＥＳＣ法（デスク法）です。「協力を得たい時」「言いにくいことを伝えたい時」に有効です。この名前は次のステップの頭文字をとって名付けられています。

「DESC法」の四つのステップ

❶Describe（事実を描写する）
❷Explain（気持ちを表明する・説明する）
❸Suggest（具体的に提案する）
❹Choose（提案から選択する）

各ステップについて詳しくみていきましょう。

❶ Describe（描写する）

問題の状況を事実にもとづいて「客観的」に伝えます。具体的な事実を伝えることが大切で、自分の考えといった主観的な感情は伝えないようにします。

❷ Explain（表明する・説明する）

自分の想い（主観）を伝えます。

「❶Describe」で描いたことに対する自分の気持ち、相手への共感を伝えると良いでしょう。相手に攻撃的に感情をぶつけるのではなく、「寄り添う」気持ちが大切です。相手が持ってきた事実、自分が抱えている事実、どちらか一方ではなく、両方に対しての前向きな思いを伝えましょう。

❸ Suggest・Specify（提案する）

解決方法を提案します。

「❶Describe」「❷Explain」を勘案して、自分と相手の双方にとっての良いと思われる妥協案、解決策を具体的に提案します。あくまでも語尾を命令形でなく依頼形にすることが重要です。提案は複数あれば尚、望ましいです。予備として、第二案、第三案として用意しておき、相手が受け入れなかった場合に、第二案、第三案と一つずつ提案していきましょう。

❹Choose・Consequence（選択する）

自分が「❸Suggest・Specify」で提案した案に対して相手がYesであればそれで良いので受け入れてくれたことに感謝し、行動を実践します。

Noであれば、あらかじめ想定していた次の案を提案し、合意を目指します。

■DESC法の注意点・ポイント

1．結論の(Choose・Consequence)を最初に決めて、逆算してDESCを組み立てる

2. 相手には断る権利も受け入れる権利もあることを前提とする
3. ゴールは自分だけの主張ではなく、お互いのメリットとなる妥協案であると心得る

それでは、よくある事例で見てみましょう。

ケーススタディ① 仕事の納期交渉をしたい時

あなたはたった今、客先での打合せから会社に戻ってきたところです。時間は午後四時です。客先で急ぎと言われた案件のラフデザインを修正して、明日の午後一時までに送らなければなりません。二時間ほどの残業を覚悟して、今日中に仕上げてしまいたいと思っています。

そんな時に上司から、「この前の例のカフェの図面に修正が入ったから、明日の朝までに修正してほしいんだけど」とこれまた急ぎの仕事を頼まれました。今日は

午後七時三〇分からプライベートの約束があります。二つとも仕上げていたら、完全に約束に遅れてしまうのです。そこでDESC法の出番です。

❶ **Describe（事実を描写する）**

「以前私が作成したカフェの図面の急ぎの修正ですね。

実は、今、打合せに行っていた客先のラフデザインの修正も明日の午後一時までにと、約束してきたところなんです」

❷ **Explain（気持ちを表明する・説明する）**

「カフェの図面も私が作成したものなので、自分でしっかり責任もって直したいです。それに今行ってきた客先も、うまく修正できれば受注できそうなのでぜひともやりたいと思っています」

❸ **Suggest・Specify（具体的に提案する）**

「そこで、今日は、客先で今聞いたばかりの修正を間違えないように先に仕上げてしまって、カフェの図面の方は修正点の確認まで進めます。そして、明日の朝からカフェの図面の本格的な修正に入りますので、可能であればそちらの納期を一時までに延ばしていただけないでしょうか？」

❹ Choose・Consequence（提案から選択する）

「Yes」であればお礼を言ってその通りに進めます。
「No」であれば、複数案として用意していた「明日の朝の早朝出勤」を申し出て再度上司にかけあうという流れで進めていきます。

攻撃的な返事をしてしまうと
「いやっ、ちょっと明日の朝って急ですね。私はいま新規受注ができるかもしれない大事な案件を抱えているんです。急に言われても無理です」と言い放ち、イライラしつつ、上司のことも気になりつつ、プライベートの約束も楽しめないかもしれません。

受け身的に返事をしてしまうと

「上司の言うことは断れないしなぁ……プライベートの約束を遅れていくしかないかなぁ。遅れてって言うか、参加もできないかなぁ。どうしていつも私ばっかりタイミングが悪いんだろう」と心で思いながら、上司には「はい、やってみます」と答えてしまうパターンです。

このＤＥＳＣ法の活用法は注意点にも書きましたが、自分の意見を主張して勝ち取ることでなく、一方的に受け入れることでもなく、双方にとっての妥協点を見出すことにあります。

そういうと自分の「主張が通らないなんて……」「そんな交渉、いつもしているけどうまくいかない」という方は、もう一度見直してみてください。プライベートでもおおいに効果があります。

次のような事例に心当たりはないでしょうか？

ケーススタディ② 晩御飯の献立交渉

「明日はお休み」と嬉しいあなたは、夕飯に今日は「鱈のムニエル」を作ろうと思っていました。なぜなら昨日のお鍋に使った鱈が残っていたので、食べきってしまいたかったからです。そんな時にタルタルソースを作るための卵がないことに気づきました。そこで、もうすぐ帰ってくると連絡があったパートナーに「ごめんね、卵を買ってきて」とお願いしました。しばらくして帰ってきたパートナーは卵と共に「豚ロース肉」も買ってきたのです。

パートナー「豚ロースが半額だったから、買ってきた。生姜焼き作ろう。豚キムチでもいいな」

あなた　Ⓓ「半額？　その豚ロースで生姜焼きか、豚キムチが希望ね。お肉の賞味期限が今日までなのか。

実は、昨日のお鍋に使った鱈がまだ少し残っていたから、ムニエルにしようかと思って。これも今日中に使ってしまわないと……。どっちも今日中だね」
Ⓔ「お肉も美味しく食べきりたいし、鱈ももったいないし……。フライパンは一つだから、二つ作ると先に作った方が冷めちゃうし……（ちょっと面倒だ）」
Ⓢ「そうだ、豚ロース肉と、鱈と両方入れて、昨日と味を変えたお鍋、寄せ鍋キムチ風にするのはどうかな？（お鍋なら作るのも楽だし）」
Ⓒ「ありがとう。じゃあ今日は寄せ鍋キムチ風で……。カセットコンロ出してくれる？」

いかがでしょう？　温まりそうですね。（笑）
この時にⒹで豚ロースも、鱈も登場させます。
土俵に二つ乗せないと効果が弱いのです。いきなり「えーっ　なんで頼んでないのに、今日に限ってそんなの買ってくるの？　もうムニエルって決めてたのに……」と言ってしまうと楽しい晩御飯じゃなかったかもしれません。そこまで大げさじゃなくても買い物を頼まれることにほんの少しトラウマが残るかもしれません。まな板に必ず豚肉と鱈の両方を乗せることが大事なのです。（笑）「あなたの主張も受け止めたよ」という証拠なのですから。

そして、「あなたはいつも急に言ってくる。こっちに都合を確認しない」という『あなたは』で始まる「ユーメッセージ（主語があなた）」で相手の言動を批判するのではなく、

「私は○○したい。どうでしょうか」と「私は」で始まる「アイメッセージ（主語が私）」で主張することがポイントです。そしてお互いの落としどころを探っていきましょう。

余談ですが、買い物を頼んだ時に

「鱈のムニエルのタルタルソースを作るから、卵を買ってきて」と目的を告げると

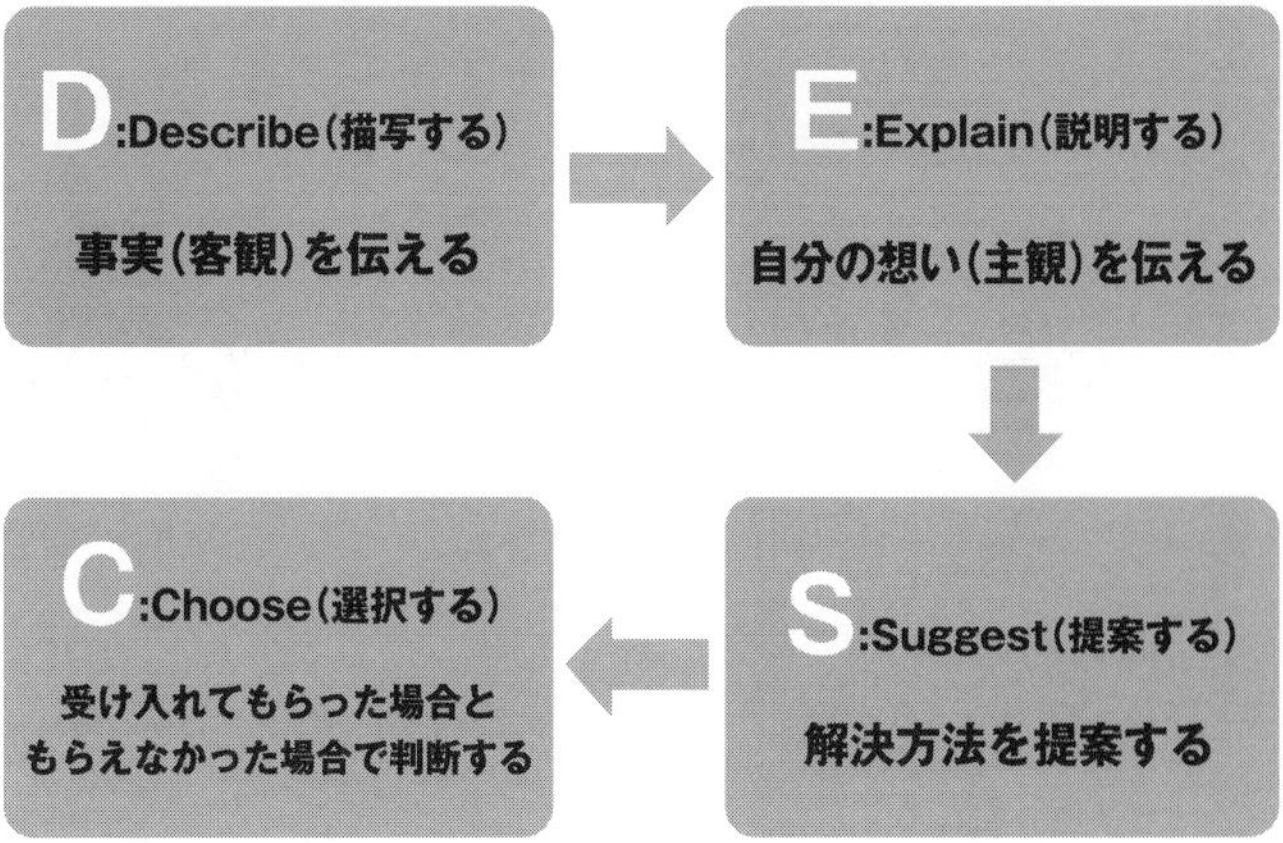
D:Describe（描写する）
事実（客観）を伝える
E:Explain（説明する）
自分の想い（主観）を伝える
S:Suggest（提案する）
解決方法を提案する
C:Choose（選択する）
受け入れてもらった場合と
もらえなかった場合で判断する

よいです。仕事でも、プライベートでも動作だけでなく、「なぜ、なんのためにという目的や理由」を伝えるのです。そうすれば、「豚ロース」が我が家にやってくることはなかったでしょう。

「ジャガイモ買ってきて」とだけ伝え、その日、カレーを作ったら「福神漬けは？」とパートナーに聞かれ「ごめん、切らしてる」と答えるあなた。あなたは福神漬が無くても気にならなくて、なくてはならないと思っているパートナーは、がっかりする。「さっき、カレー作るって教えてくれれば一緒に買ってきたのに……」と文句を言いながらコンビニに出かける。

とはならないですよね？　お願い事をする時には「なぜ、なんのためにという目的や理由」を伝えましょう。

第4章

相手に信頼されて、味方が増える「ひと言チェンジ・ひと言プラス」

今までに、まずは話す相手との信頼関係を築くこと、そして届ける音をクリアにすることを学んできました。この章ではそれらを意識しつつ、まずは**「ほんのひと言を変えてみる」**または**「ひと言をプラスしてみる」**ことから始めていきたいと思います。事例をいくつか紹介いたします。

要は日頃の言葉をちょっと変えるだけで、相手はとても聞き心地が良いので、あなたに好印象を抱くでしょう。するとあなたのことを信頼し、あなたの味方になってくれるのです。そんな味方の人が言うことは素直に受け止めて、その人のために動きたくなるのではないでしょうか。。

飲食スペースでご案内される時

飲食店等に行った際、最初に聞かれるのが人数だと思います。その後、お席にご案内されるでしょう。その時のスタッフからのひと言です。

a「こちらの御席でよろしいでしょうか？」
b「こちらの御席はいかがでしょうか？」

この違いをどのように感じますか？
aには「この席でいいよね？」という気持ちが見えます。
bには「この席がお勧めだけど、どうかな？」という気持ちが見えます。

もっとわかりやすく例えると、予定外の時間にお腹を空かして帰ってきたあなたに対して家族が
a「うどんでよろしいでしょうか？　⬇　うどんでいい？」
b「うどんはいかがでしょうか？　⬇　うどんはどう？」
どちらがあなたのためにメニューを考えて美味しく作ってくれそうでしょうか？

「○○で」と言われると限定される印象です。

「○○は」と言われると選択肢の中から選んだ感じが醸しだされます。

フロアスタッフがプロフェッショナルとしてご案内をするなら、たったひと言にもこだわるとお客様の気持ちが格段に変わるのです。

「このスタッフは、私たちお客をとても尊重してくれている。今日はとってもいい人に担当してもらえそうだ。私たちはツイてる。サービスが素敵なんだから、きっとお料理も美味しいはずだ」とお客様をワクワクさせることができてしまうのです。一期一会の出会いであっても、単なる配膳係ではなく、もてなしのプロフェッショナルとしてお客様に映り、関係性もとても良くなることでしょう。関係性が良くなれば仕事がしやすくなります。

例えば、非常に単純なことですが「感じがいいなぁ、プロだなぁ」と認めたスタッフから薦められる「本日のおすすめ」のお料理はとっても美味しそうに感じるでしょう。地酒もぜひ飲んでみたいと思うことでしょう。つまり、売り上げに直結します。

また、関係性が良いからこそ、「お気軽にお申し付けください」という言葉がお客様にストレートに響き、スタッフが忙しい様子であってもお客様からは遠慮なく積極的にお声がかかるでしょう。ドリンクの追加注文において最も重要なことです。たったひと言でその食事のひと時を、思い出を、人生を変えることができてしまうのです。もちろん発する表情や声に気を配ることは前章でお伝えした通りです。

実際に「こちらの御席はいかがでしょうか？」というご案内に変えたあるダイニングでは劇的な変化が起こりました。北陸は福井県、屈指の温泉旅館グランディア芳泉「季の蔵」です。まず、そういう言葉を発することでスタッフの仕事への取り組み姿勢、モチベーションが変わったのです。スタッフがご案内する際に、楽しそうに自信をもってご案内している様子が見て取れました。さらに、お料理やお酒についても積極的に知識を深めようという姿勢が芽生えていったのです。

その結果、お客様アンケートの評価が約三カ月間で五点満点中三・九から四・五ポイントに上昇。結果、スタッフのモチベーションアップにつながり、さらに好循環をもたらしています。

このひと言チェンジの事例をさらに磨くために、ひと言プラスを実践してみましょう。
数ある席の中から、なぜこちらを選んだのかという理由・根拠をプラスするのです。
例えば、

①小さなお子様がいらっしゃるご家族連れなら
「お客様、こちらは小さなお子様にも安心してお座りいただけるベンチシートになっております。こちらの御席はいかがでしょうか？」

②ご高齢のお客様なら
「お客様、こちらはブュッフェコーナーに近く、移動中に段差もございません。こちらの御席をお勧めいたしますが、いかがでしょうか？」

③若いカップルのお客様には
「お客様、こちらはビュフェコーナーまでは少々距離はありますが、その分、静かでお二人のお話もごゆっくりお楽しみいただけると思います。

こちら窓際の御席はいかがでしょうか？」

ご提案の仕方で、お客様に「とっておきの御席」をご案内していることを伝えられるように知恵を絞ります。事前にチームで考え、共有することで誰もが使いこなすことができるようにします。すべてがチームの力になるのです。

ここで③について重要なことをもう一つお伝えします。

a「こちらはビュフェコーナーまでは少々距離はありますが、その分、静かでお二人のお話もごゆっくりお楽しみいただけます」

b「こちらは静かでお二人のお話もごゆっくりお楽しみいただけますが、その分、ビュフェコーナーまでは少々距離はあります」

お気づきでしょうか？

aとbでは文章の前半と後半を入れ替えただけですが、受ける印象が明らかに違うと思います。これはマイナスプラス法の特徴です。人は前半と後半の話のうち、後半の話に引っ張られる傾向があります。

もう一つ試してみましょう。

a「このドライヤーは七万円と高額ですが、従来品の半分の時間で乾き、指通りも滑らかです」

b「このドライヤーは従来品の半分の時間で乾き、指通りも滑らかですが、七万円と高額です」

さあ、aとb、どちらのドライヤーをお求めになりたいでしょうか?

いいことしか説明されないのも、信用できない気がします。だからこそマイナスと受け取られる要素も説明しつつ、なおかつお勧め要素をきちんと伝える。

「最初にマイナス要素を的確に伝え、結びはプラス要素で自信をもって締める」

ひと言プラスの際は、このマイナスプラス法の効果をぜひ頭に入れておいてください。

さて、ひと言変えるだけで差がつく事例をもう少しご紹介しましょう。

相手の好意に甘える時

①ありがたいことに、差入れを頂いて「どれがいい？」と尋ねられた時に
ａ「どれでもいい」
ｂ「どれもいい」

②親しい先輩に自販機の前で「お礼にご馳走するよ。何が飲みたい？」と聞かれた時に
ａ「コーヒーでいいです」
ｂ「コーヒーがいいです」

③会合等の際、飲食店で定番のビールを注文することが決まっている時に

ａ「とりあえずビールで」

ｂ「まずはビールでお願いします」

これらに解説は不要かと思います。ほんのちょっとのことで、多くの方が使っている言葉とは少し違った印象を受けると思います。もしかしたら、言われた相手はその違いに気が付かないかもしれません。でも、なぜか気分はいいと思います。

「相手を喜ばせたい」と思って気遣いをして下さる方には、ありがたく甘えつつ、喜びが伝わる言葉で返したいものです。

そして、さらに会話を発展させる時には

①の場合、カラフルなマカロンや、抹茶や小豆など種類豊富な和菓子を頂いた時

「どれもいいですね。美味しそうで迷います。

○○さんのお勧めはどれですか？」と聞いてみます。

②の場合も

「コーヒーが飲みたいです。でも、たまには変えてもいいかな？
○○さんはいつも何を飲んでリフレッシュしているのですか？」と聞いてみます。

また、「コーヒーでいいかな？」と聞かれた時にも、

「はい、コーヒーでいいです」

もしくは丁寧に
「はい、コーヒーで結構です」

と答えることもあるでしょう。

偏屈と言われるかもしれませんが、この場合の「結構です」には「それで手をうちます。我慢します」というニュアンスが感じられそうです。

そこでそんな時は
「はい、ありがとうございます」

「はい、恐れ入ります」

と答え、コーヒーが十分ありがたいことをしっかり伝えましょう。

自分のことを気にかけてくださった方には、同じように興味を持って好みを伺うようにしてみましょう。今度、お返しをする際に伺った情報をもとに選んでお持ちすることで、お互いの関係性も深まり、あなたへの信頼度や好感度が上がると思います。

③の場合は、店員さんへの言葉であったとしても丁寧に
「お願いします」

と発することで同席した方にもあなたの品格が伝わると思います。「そんな細かいこと?」と思うかも知れませんが、そんな細かいことをしている方が少ないので、印象に残るのです。

人は喜んでもらえれば、「またその人にしてあげたい」と思うでしょうし、お客様から丁寧な言葉を頂けば、めったにないことなので記憶に残りやすいです。忙しい

店員さんでも、ついうっかり注文を忘れたということも少なくなるかもしれません。

「大丈夫」の多用は大丈夫ではない時

最近よく耳にする「大丈夫です」という言葉。キャリアを重ねた職業人としては、使い方に気をつけたいものです。特に目上の方には要注意です。

私が経験した笑い話です。とある喫茶店で十一時からの打ち合わせをした時です。その喫茶店は十一時までにドリンクを注文すると、モーニングサービスとしてトーストやゆで卵などが無料でついてくるというお得なサービスが人気のお店でした。

そこで、私と打ち合わせ相手の方が「コーヒーを二つお願いします」と注文した時に、店員の方が

「この時間、まだモーニング大丈夫ですけど、よろしかったでしょうか？」

とおっしゃいました。

そこで、「はい」と答えると

「モーニングじゃなくて大丈夫ってことで大丈夫ですね？」と確認されました。

一度だけならまだしも、二度登場するとさすがに可笑しくて、相手の方と顔を見合わせたものです。

本来、「大丈夫」とは「安心である様《さま》、確実であること」に対して使われる言葉です。物事の可否を判断する、伝える言葉ではありません。また、曖昧に受けとられ、誤解が生じる場合もあります。

例えば

「ご飯、お替りしますか」と聞かれた時「はい、大丈夫です」と答えたとすると、「まだ、食べられるので可能だ」という意味なのか、「もう十分頂いたので必要ない」という意味なのか、判断しかねます。ビジネスに曖昧さは不要ですので、慎みましょう。

ビジネスシーンでも多く使われる「大丈夫」を失礼のない言い方に変換してみましょう。

1「明日の懇親会は一九時○○分スタートでよかったっけ？」
「はい、大丈夫です」

2「ファックスで送ってもらっても大丈夫ですか？」
「はい、大丈夫です」

3「明細書はご入用でしょうか？」
「いいえ、大丈夫です」

4「今回は○○さんに任せてもいいかな？」
「大丈夫だと思います」

5「この後、飲みに行く?」
「ううん、大丈夫です」

いかがでしょうか?　私が思う回答の一例をご紹介します。

1「はい、間違いないです。問題ございません」

2「ファックスで送っていただくことは可能でしょうか?」
「はい、承知いたしました。お送りいたします」

3「いいえ、結構です。ありがとうございます」

4「はい、大丈夫です。ご安心くださいませ」

5「ありがとうございます。せっかくですが今夜は遠慮しておきます」

会話の中にあいまいさを残さず、失礼に当たらないように工夫しましょう。「一文でなく、二文にする」ことで、相手との関係性を良好に保つよう努めています。

さて、それでは喫茶店での話に戻りましょう。

店員の方からの確認の問いは

「只今のお時間でしたら、ご注文いただいたお飲み物に無料で、こちらの（メニューを指し示しながら）セットをおつけすることができます。大変お得なセットです。いかがでしょうか？」と丁寧にご案内をすることを心がけましょう。

たとえ、その時にお客様は注文しなかったとしても、お店の人気メニューをさりげなくアピールすることができます。

断られたとしても

「承知しました。またの機会に是非、お試しくださいませ。（笑顔）本日はコーヒーをお二つ承りました。ありがとうございます。少々お待ちくださいませ」と笑顔で会話してくださると、好印象が残り、リピート率も高くなると思います。

この件でもう一つの反省点を記しておきます。

お気付きの方もいらっしゃると思いますが

「……よろしかったでしょうか」は間違いです。話をしているのは過去のことではなく、今、現在進行形のことを話しているのですから過去形で話すことは控えましょう。

お勧めしたのに断られてしまった時

「大丈夫」に関連して、喫茶店で店員の方のお勧めトークについてご紹介したので、もう一つ「お勧めの際のひと言について」記します。

買い物をする時や、サービスを利用する時に、店員の方に望んでいないことをあれこれ勧められることを嫌う方は多いと思います。

「実際に自分も声をかけられるのが嫌いだから、逆の立場でも勧めたくない。なかなか声かけしたくない」と悩むサービス業の方のお気持ちは十分お察しいたします。

そこで、私が定期的にサービス向上研修に伺っているあるガソリンスタンドの事例をご紹介します。

移動手段は車が必須である福井県、地方においてはセルフサービスのガソリンスタンドの数も多くあります。セルフサービスということは、スタッフとお客様の接点がほとんどありません。それでも、会社としてはお客様との会話を通し、ガソリン供給以外の部分でもお役にたてるよう、物品販売などを含め、積極的にご案内をすることをスタッフに求めます。

お客様がご自身で給油していらっしゃる所へ近づいて
「こんにちは。オイル交換がお安くできるキャンペーンをやってますが、いかがでしょうか?」
と申し訳なさそうにお声かけします。
するとお客様は愛想なく
「あっ　はい、大丈夫です」
スタッフは
「はい、失礼しました。またお願いします」とそそくさと戻るというやり取りでした。
そこで、夏の研修期間中に新しい声かけの練習をし、実践しました。

スタッフ「こんにちは。お客様、毎日暑いですがお車に影響はないでしょうか?

　　　　気になることはありませんか?」

お客様　「えっ　はい、特にないです」

スタッフ「そうですか。それはよかった。何よりです」

　　　　「そうですか。それなら安心ですね」

　　　　「かしこまりました。安心安全が一番です」

とお客様の快適運転を、笑顔で元気に共に喜ぶ言葉を返すように改善しました。

そして

「もし何かあった時にはどんなことでもお気軽にご相談くださいね」

と、ひと言プラスします。

研修では、私たちは商品を売るために、売り上げを上げることを最終目的としてお客様に声をかけるのではないということにまず気づいていただきます。ボランティアではないので、もちろん数字は気になります。でも、売ることは手段であって、目的ではないのです。

私たち地域密着のガソリンスタンドは

1.地域のライフラインの一端を担うこと、

2.地域の皆様の安心安全、快適走行を支援する立場にあること

この二つに気づいていただくとお客様にかける言葉が変わってくるのです。

嫌々ながらに声かけしていたスタッフも、一緒に安全を喜びたいから、笑顔で声

かけができるようになっていきます。お客様に嫌な顔や、そっけない返事をされないので声かけを続けることができます。

車用品の販売店、修理店、ディーラーなど車に関する店舗はたくさんありますが、ドライバーにとって一番訪れる頻度が高いのはやはりガソリンスタンドです。そこにいつも自分の車のことを気にかけてくれる元気なスタッフがいることは、ドライバーにとってなんと魅力的なことでしょう。

そんな信頼関係が生まれてくると、自ずと気になっていた売上げ数字にも変化が見えてきて、地域密着繁盛店として好循環が生まれています。

もちろん、この考え方はガソリンスタンドで働く方だけでなく、いろんな職種にも当てはまることだと思っています。

お客様に選ばれる人、売り上げを上げることができる人。

それは、お勧めしたい商品やサービスを使うお客様にどう幸せになっていただきたいかを共に考え、そのゴールをお客様が手にすることを共に喜び合える人だと私は思っています。

生命保険関係であれば、健康を共に喜び

金融関係であれば、豊かであることを共に喜び

美容関係であれば、美しくあることを共に喜び

教育関係であれば、成長を共に喜び……

お勧めして、断られて「失礼しました」とそそくさと退散するのではなく、喜びのひと言を相手と分かち合えるように言葉を紡ぐことを意識してみましょう。

ひと言変えて、ひと言添えると仕事に前向きに取り組めるようになる、声をかけることが少しだけ楽しくなります。

誤解されずに誠実さを伝えたい時

とても微笑ましい光景も、見る人、聞く人によっては誤解を招いてしまうかもしれない。だからこそ、「そこまで言うか」というところまでお伝えしたい、忘れて

はならないひと言があるなと感じた事例をご紹介します。

葬儀に参列した時のことです。恐れながらお亡くなりになったのは天寿を全うされたであろうご高齢の男性でした。喪主はご子息様がお務めになっていました。もう少しで皆様がお越しになるという頃に、控室からご高齢のご婦人が車椅子に乗り、介助なさる方と一緒にお越しになりました。そして喪主様のお隣に並ばれました。ご婦人はお亡くなりになった男性の奥様でいらっしゃいました。

その時です。ご葬儀を取り仕切っていらっしゃるスタッフのお一人が、その車椅子の奥様にお声をかけました。

「あらー、良かったねえ。やっぱりお化粧してもらってよかった。きれいですよ」

腰を落として、目線を合わせ笑顔でおっしゃっていました。

その声がとても「元気ハツラツ」だったのでホールの廊下に響き渡ったのです。そこにいらしていた多くの方が皆、注目なさいました。

少しだけ違和感を覚えたのは私だけではなかったかもしれません。

けれど、そのスタッフの方は奥様がご高齢であるため、声が小さいとお耳に届かないと考えてのことだったのでしょう。また、その奥様がいつもと違う場所、環境に慣れず、少々現実と過去の記憶がさまよう症状がおありだったために、お仕度を整えてもらうのに困難を要したという事情も後で伺いました。なだめてなだめてようやく、ご機嫌よく並んでくださったのだということを知れば、そのスタッフの方のお言葉は十分に理解できるものです。優しいお気持ちからかけてくださったありがたいものです。

しかし、そこまで深く知らない方にとっては少々残念な振舞いに感じてしまったのかもしれません。その方が、経験値の少ない、若手の方であったなら、まだ救われたかもしれませんが、全体を取り仕切るお立場、経験値にあった方だったので私も勿体ないなぁと感じました。

まずは、たとえお相手が認知症の方であったとしても、子ども扱いするような言葉遣いは慎みたいものです。難しい言葉遣いは必要ないかもしれませんが、最低限、丁寧語は使いたいものです。

「奥様、お仕度整われて、大変おきれいでいらっしゃいます。ご主人様もきっとお喜びのことと思います。もし途中で、辛いことがございましたら遠慮なくおっしゃってくださいませ」

こんな言葉であったなら、その場で奥様を「きれいだ」と称したとしても、耳にした誰もが気持ちよく頷けるのではないかと思います。

葬儀スタッフの方の仕事は、見た目に滞りなく、葬儀を済ませることだけでなく、旅立たれる方、見送られる方双方にとって、二度と訪れぬかけがえのない一瞬一瞬の残された時間を最大限サポートすることであると私は信じています。志があって事を成す。そんな仕事をしていきたいものです。

例えばこんなケースもあります。

「お客様がいる時は営業時間中は練習させてくれなくて、店が終わってから隣に張りついて技術訓練をチェックする先輩、鬱陶《うっとう》しい」という美容室の若手スタッフ。

先輩に尋ねると

「お客様の前で練習していると、新人だということがお客様にもあからさまにわかってしまいます。するとヘルプに入ってもらいたい時、中には新人を嫌うお客様がいて、ヘルプに入ってもらえなくなってしまうんです。成長するための実践の機会を無くしてしまうのは勿体ないから、お客様の前では、たとえ手が空いていたとしても練習はしないようにって言ってるんです」という答えが返ってきました。

「実践練習のチャンスを無くしたくない。早く一人前に成長してほしいからこそから、こそ、お客様の前では練習してはならない」と、このひと言も若手に伝えてあげたいですね。そうすれば、先輩の言葉もありがたいものだと素直に聞けそうです。

「それくらい言わなくてもわかるだろう」そう思っているのはあなただけなのかもしれません。伝えることで変わることがたくさんありそうです。

あなたの場合はいかがでしょうか?

これだけはマスターしたい「ひと言チェンジ五〇選」

すみません

感謝にも謝罪にも、呼びかけにも使える便利な言葉ですが丁寧に言い換えましょう。

「おいしいお土産をありがとうございます」

「お心遣い恐れ入ります」

「お返事が遅れて申し訳ございませんでした」

「お願いいたします」「恐れ入ります」(店員さんを呼ぶとき)

うるさくてごめんなさい

「ご迷惑をおかけして申し訳ございません」

わざわざ来ていただいてすみません

「ご丁寧にお越しいただきましてありがとうございます」

「ご足労いただき申し訳ございません」

雨の中をすみません

「お足元が悪い中、恐れ入ります」

○○してあげようか？

「○○させてもらえる？」　例「手伝わせてもらえる？」

ちょっといいですか？

「いま、よろしいですか？」

今、お電話大丈夫ですか？

「今、お話してもよろしいでしょうか？」

熱があるので休みます

「熱があるので休ませていただきます」

ご一緒してもいいですか？

「お供させていただけますでしょうか？」

○○さんですよね

「○○様でいらっしゃいますか？」

□□様でございますね？

「□□様でいらっしゃいますね」

△△じゃないですかぁ（知っていて当然のような言い方）

「△△なのはご存知でしょうか？」

例「最近、若者の間で流行っているのはご存知でしょうか？」

やらせていただきます

「お引き受けいたします」

伝えておきます

「申し伝えます」

どうしますか？

「いかがいたしましょうか？」（相手のために自分ができることを尋ねる時）

どうしましたか？

「どうなさいましたか？」

ご質問はありますか？

「ご質問はおありでしょうか？」

わかりましたか？

「ご理解いただけましたでしょうか？」

ご参列ありがとうございます

「ご臨席賜りありがとうございます」

教えてください

「ご教示願えますでしょうか？」

〇〇さん呼んでもらえますか？
「〇〇さんにお取次ぎ願えますでしょうか？」

できるだけ頑張ります
「ご期待に添えるよう努めます」

一生懸命させていただきます
「ご要望にお応えできるよう精進いたします」

今、忙しいです
「あいにく手がふさがっています」

ひまですか？
「お手すきでしょうか？」

わからないです。知らないです

「勉強不足で申し訳ございません」

感心しました

「感服いたしました」

会ったことがあります

「面識がございます」「お目にかかったことがございます」

参考になりました

「勉強になりました」「初めて知りました」「よく理解できました」（目上の方に）

名刺を忘れました

「あいにく名刺を切らしております」

（交流会などで多数の方にお会いして）名刺がなくなってしまいました

「お恥ずかしながら名刺の持ち合わせがございません」

電話番号を頂戴できますか?

「お電話番号を伺ってよろしいですか?」

住所・お名前等を含め他人に差し上げるものではないため「頂戴」はふさわしくない。

知っておいてください

「ご承知おきください」「お含みくださいませ」

面倒なことをお願いして申し訳ございません

「お使い立てして恐縮でございます」

見ておいてください

「お目通し願えますでしょうか？」

そろそろ帰ります

「そろそろ失礼いたします」

あちらになります

「あちらでございます」

○○になります

「○○でございます」　例「見積書でございます」

こっち　そっち　あっち　どっち

「こちら　そちら　あちら　どちら」

ちいさい「っ」を使わない方がより丁寧です。

やっぱり　よっぽど

「やはり　よほど」

じゃあ

「では」「それでは」

あなたの周りで、これらの言い回しを自然と使いこなしていらっしゃる方が存在するとしたら、その方はどんな方でしょうか？　ほんの少しの言い換えで、信頼度が上がりますので、意識して使ってみられることをお勧めします。

私自身がたったひと言の力を痛感したエピソードがあります。

当時は交代制で休みをとる仕事についており、その日はたまたま休みをとっていました。そんな中、大変仕事ができて、素晴らしい才能をお持ちでいらっしゃると尊敬申し上げていた方からの電話に出た時です。

「ごめん、お茶を飲もうと思ったんだけど、茶筒がどこにあるかわからなくて……○○さんに電話して聞いたらわからないっていうから、藤田さんならわかるかなと思って」

私が場所を伝えると

「あー、あった。あった。ありがとう。やっぱり藤田さんがいてくれると便利だわ」

と、その方はおっしゃいました。

私は「便利かぁ」と心の中で呟き、何かが引いていくのを感じたことを今でも覚えています。

また、とあるホテルのラウンジで偶然聞こえてきた会話で、自身の襟を正す思いで肝に銘じた出来事がございました。

数名の方が一つのテーブルを囲んでお茶を飲んでいらっしゃいました。その中で明らかに一番若い女性が
「私も、そのお食事会にご一緒してもよろしいですか？」とおっしゃったのです。
周りの方々は
「どうぞどうぞ」とニコニコしていらしたのですが、その方が席を立たれると
「人前に立つには勉強が足らない。積極的なのは結構だけど、『お供してよろしいですか』って言えないのはダメね。まだまだ仕事は回せないね」というご指摘をなさっていらしたのです。
大人になるとなかなか面と向かってご指摘を頂くことはなく、私自身気もつけねばならない、まだまだ勉強不足であるなぁと痛感した次第でございます。
時代と共に言葉も変わり、細かいことにこだわっていたら、何も話せなくなってしまうとも思います。
けれど、ビジネスにおいて、その場にふさわしい身だしなみを整え、相手の方に

理解していただき、動いてもらいたいと思うのであれば、そのお相手を動かすにふさわしい言葉を戦略的に選んで使うことは必要だと思うのです。日頃、馴染みのない言葉であれば、身だしなみと共に心と共に整えたいと私は思っています。

第5章

相手が気持ちよく納得する「5つの最重要ステップ」

『出逢い　そして感動
人間を動かし
人間を変えていくものは
むずかしい理論や
理屈じゃないんだなぁ
感動が人間を動かし
出逢いが
人間を変えていくんだなぁ……』

ご存知の方も多いと思いますが、日本の詩人であり，書家であられた相田みつを氏の言葉です。

なぜここでご紹介したかというと

「正論だけでは人は動かない」ということを改めて押さえておきたいからです。

例えば

- お客様に注意をしたら、こちらは間違っていないのに逆切れされた
- 提案内容や商品に理解は示してくれるものの、決定には至らない
- 部下や後輩が〝わかりました〟と返事をするけれど行動が変わらない
- 懸命にこちらの状況を伝えているのに、上司は同情だけで解決してくれない

このような経験をなさったことはないでしょうか？

話し手はきちんと伝えているのに望むゴールが手に入らないということが起きています。このことを解決するためには、本書の冒頭でお伝えした通り、「言葉で伝えて分かり合う」ということが必要です。

ビジネスコミュニケーションでは、伝えて終わりではなく、相手が納得して行動を起こすまでの結果が求められるのです。

人はある説によると、訓練や準備等を何もせずに話すと、頭の中にある話したい

ことのおよそ五〇パーセントしか話すことができないと言われています。また聞く人もよほど集中力を注いで話を聞かない限り、耳に届いた話のせいぜい三〇%しか記憶できないと言われています。

この二つを組み合わせると話し手の考えていることは聞き手に約一五パーセントしか伝わらないことになります。何と恐ろしいことでしょう。一五パーセントの情報で相手の頭の中とピタリと一致した行動を起こさねばならないのです。これはかなり厳しい確率だと思いませんか？

もはや

「理解されることは偶然で、誤解されることは当然」

と考えるくらいの覚悟が必要です。

その上さらに、

「正論だけでは人は動かない。情熱だけでも伝わらない」

となると、いかに戦略的に言葉を選び、話す順序に気をつけ、過不足なく関わらなければ、ビジネスコミュニケーションはうまくいかないということが実感できるかと思います。だからこそ、私も多分に漏れず多くの人が悩み、ストレスに苛まれているといえるでしょう。

しかし、中にはそんな難しいことをうまくできてしまう人がいらっしゃいます。そんな人を見て、私たちは「あの人には『説得力』がある」と言います。つまり「説得力」とは「人を動かす力」があるということです。

さて、古くから「人を説得する」には次の三つが必要だと言われています。

「エトス」…………人柄、信頼
「パトス」…………感情・情熱・共感
「ロゴス」…………概念・理論

これは古代ギリシャの哲学者アリストテレスの言葉です。

まず、エトスとは「その話が信頼するに値するか」を問うものです。よって語る人の信頼性や人柄に左右されます。

続いてパトスとは「聴き手の心がいかに動かされるか。共感するか」を問うものです。どんなに信頼する人の言葉でも心が動かなければ行動に結びつきません。

そして、ロゴスとは話そのものの筋道がきちんと通っていて論理的か、またその話は確かであるという確証があるかということを問うものです。

なおかつ、聞き手にとってわかりやすく理解できる言葉で語られていなければ、やはり行動には結びつかないでしょう。

人の心を動かす原動力は感情ですが、そもそもの話が果たして事実なのか、真実性はあるのかということが、人の決断、つまり行動に大きく作用するということです。

例えば、

「この商品はみんなが痩せることができた効果の高い人気商品です」

このように紹介されると、かなり興味を惹かれますが、その「みんな」が三人なのか三万人なのかによって話自体の信憑性、納得度が変わってくると思います。

「なるほど」「確かに」「間違いない」と相手が納得してくれてこそ、人を動かすことができるのです。私はここに焦点を当てたいと強く思っています。

「人は説得されて動くより、納得して動く方が気持ちいい」ということです。


「説得される」は受け身です。

「納得する」は能動的、主体的です。

自ら決めて動く方が前向きで、持続性が高いと私は思います。説得されて渋々動くより、納得して気持ちよく動いてもらう方がその後の関係性にも明るさが見えます。希望が持てます。ビジネスで関わる人々とは、その日限りではなく、明日も顔を合わせ続けることが必然でしょう。そうであればお互いが気持ちよく関われる「納得」をゴールとしたいものです。

そうなるための話し方、伝え方にはどんな要素が必要で、どんな順序で伝えることが効果的なのかを考えました。そうしてたどり着いたステップこそ、私がこの本で一番お伝えしたいことです。

相手の Yes を引き出す「5つの最重要ステップ」

ステップ1　解く　　相手の警戒心を解く
ステップ2　得々　　相手にとっての快楽・有益性を与える
ステップ3　徳々　　相手の成長欲・貢献欲を刺激する
ステップ4　説く　　相手にわかる言葉で具体的に説明する
ステップ5　溶く　　相手との共通ゴールを確認する

ステップ1の「解く」はアリストテレスのエトスにあたるステップです。

ステップ2の「得々」と
ステップ3の「徳々」はアリストテレスのパトスに繋がる部分で心を動かすステップです。

ステップ4の「説く」はアリストテレスのロゴスにあたるステップです。

ステップ5の「溶く」は私が必要性を感じて強く推したいステップです。

「ステップ」の手順としては

ステップ1　解く

伝えたいことに対しての相手の理解度・興味関心度や相手の状況を確認し、警戒心を解く

■具体的な行動
相手を観察する。相手に訊く。相手の話を耳だけでなく目で、心で聴く。

相手の状況に配慮する姿勢には話し手の人間性や信頼性が現れ、聞き手の「警戒心を解く」ことができます。その結果、相手の聴く耳が立ちます。

ステップ2　得々

相手に「今から聴く話は自分に有益である。嬉しいことである」と好感とメリットを渡す

■具体的な行動

相手の快楽の感情に繋がる具体的事実を言葉にして良好な関係を築く。

心理学者のフロイトによると、人は

「快楽を得ること」

「苦痛から逃れること」

の二つに基づいて行動すると言われています。

確かに、

美味しいものが食べたいからかなり長い行列ができているお店にも並ぶ。

叱られたくない、恥をかきたくないから苦手なプレゼンの練習に嫌々でも励む。

つまり、

快楽につながる感情……安心感、充足感、達成感、喜び、充実、勝利、賞賛、自信など

苦痛につながる感情……不安感、喪失感、失敗、悲しみ、痛み、軽蔑、敗北、孤独など

これらの感情に突き動かされて、私たちは行動を起こしているのです。

そこで、行動を起こす要因となる快楽の感情に訴える、つまり相手の得や、メリットになることをまずは与えるようにすれば、自ずと聞き手は引き付けられて話し手の言葉にかなり前のめりで耳を傾けたくなります。

苦痛につながる感情を回避するための働きかけも相手の「得」になります。ゆえ

に、ステップ2という段階で、「得々」を提示します。

ステップ3　徳々

相手に「何のために、なぜ」と目的や理由を伝え、腹落ちするように動機づけをする

■具体的な行動

相手の成長や有用感を満たし、相手が誇らしいと思える表現に変換する。

目的や理由がはっきりすると、それを成し遂げた時に人は達成感や満足感が得られます。ステップ2の「得々」は自分自身にとっての快楽的メリットですが、このステップ3の「徳々」は自分自身の成長や他者への奉仕、貢献度、自分自身の有益性を感じることができる部分です。

大義名分というと少し違うかもしれませんが、自分だけのメリット、利己のため

だけではなく、

「誰かの役に立つ、誰かのためになるという貢献」

「自分自身が成長するための挑戦↓最終的には組織に貢献」

など利他の精神につながる行動、他者との関わりの中で自身の自己有用感に繋がる行動、いわゆる「徳を積む」ことを提示するのです。

なぜなら、成熟した人間にとってそれこそが最高の喜びであり、大きな動機付けになると私は考えるからです。

ステップ4　説く

相手が安心して自信をもって動けるよう相手に「わかる言葉」で伝える

■具体的な行動

5W3Hに基づいて明確な数字で示すなど具体的事例を交えて説明する

相手にわかる言葉といっても、女性だから○○、若手だから□□、ゆとりだから△△というステレオタイプはないと考えましょう。一人一人をきちんと見て言葉を選ぶことが必要です。

例えば

若手に対して上司が「時間がある時でいいから、これに目を通して頭に入れておいて」と一〇ページほどの資料を渡した時に

- その日のうちに何とか時間を作って見ておく人
- 二、三日中に、または言われた日の週末までに見ておく人
- 「忙しくて時間はないし、『時間がある時に』って言ったのだから残業してまで見る必要ない」と考えて催促されるまで見ない人

など様々だと思います。

資料を渡した方は「上司から言われたら、せいぜい二、三日中には見ておくだろう」と思うかもしれません。でも、若手の部下にとってみればそのように解釈しな

いかもしれません。この先の展開は想像がつくと思いますが、「なんで一週間もたつのに見てないんだ」とイライラする、もしくは落胆する上司「必要ならいつまでにって言ってよ」とこちらもまた落胆する、もしくは嘆く部下こんな勿体ない光景があるとしたら非常に残念なことです。

こんなミスコミュニケーションを起こさないためにも王道中の王道ですが伝える際には最低限「５Ｗ３Ｈ」はしっかり盛り込みたいものです。また、多くの人を対象としたプレゼンテーションなどでは「中学生でもわかる言葉で話す」とも言われています。

あなたが報告や相談を聞く際に「わかりやすく整理して話してほしい」せめて「５Ｗ３Ｈは入れてほしい」と求めるのであれば、あなたも常に意識して「５Ｗ３Ｈ」を盛り込んで話しましょう。そういう日頃のやり取りから、若手は学び成長していくのです。

余談ですが「聞き流す語学練習法」の効果が謳われているように、耳から学ぶ効果は大きいです。また、無意識に刷り込まれる効果も高いです。よく耳にするコマーシャルのキャッチコピーを労せずして、口にすることができるという経験は誰でもおありではないでしょうか？

あなたの話し方が部下の、周りの人の話し方にも影響を与える可能性があるということを自覚しましょう。そのためにも「そこまで言うか」を「そこまで言う」に意識を変えることが急務です。

例えば、飲食店や医療介護施設等で身だしなみを指導する時のことです。
「爪を短く切って清潔に保ちましょう」と指導します。
翌日、上司がチェックをしたところ、合格基準に達していない部下を見つけたので
「昨日の指導を聞いていなかったのか」と叱ります。
しかし、部下にしてみたら
「短く切った」と主張します。
「短く」という感覚は人それぞれです。どちらも間違いでは無いようですが釈然と

しません。

しかし、上司が部下を指導する際に

「手の平側から、自分の指先を見た際に、爪先が見えない長さまでに切りそろえ、磨くことがわが社のスタンダードです」

と伝えておけば、双方ともに不快な思いをすることもなく、無駄な時間を過ごすこともなかったでしょう。

「そこまで言うか」を「そこまで言う」に意識を変えることが必要なのです。

ついつい急いでいると、気心の知れた相手には

「丁寧にやって」

「うまくまとめて」

「上手に言っといて」

「いい感じで仕上げて」

「なるべく急いで」

「できるだけ大きく」

……等々

これらの言葉を日頃、口にしてはいないでしょうか？

もちろん、十分に通じる相手には、今のままで結構だと思います。ただ、もしうまくいかない、わかってもらえないと感じているなら、ここです。ここまで意識することをお勧めいたします。起こってしまった結果に頭を抱えるくらいなら、伝える前に頭をひねることに労力を費やす方がかなり建設的だと思いませんか？

きっと取引先やお客様に対しては、誰もが意識をしていると思います。しかし社内間コミュニケーションにおいてはついつい、後回しになっているかもしれませんね。

上司やリーダーたるもの肩書の有無にかかわらず、若手を育てる、共に成長することも重要な仕事の一部であることを認識していただきたいと思います。「今いるメンバーで最大限にパフォーマンスを上げる」ことこそ、手腕なのです。

ステップ5　溶く

相手と共通ゴールを描けているか「ゴールのすり合わせ・確認」をする

相手に実施する手順や見通しを復唱させ、進捗や結果を共有する期限を約束する

■具体的な行動

相手の頭の中と自分の頭の中がピタッと一致して、うまく溶け合っているか、わかり合えているかを確認します。落としどころを見つけるという意味合いも込めて、私は「溶く」としています。

要は「言いっぱなしにしない」「一方的で終わらない」「約束する」ということです。お互いの不安や不満、疑問などはこの時点でできるだけなくす努力をしたいということです。そのうえで明確なゴールを共通認識として、できる限りリアルに確認することが大事だと思っています。

「最後の最後でこんなはずじゃなかった」と思わないためにです。お互いにしっかり合意して、約束しましょう。

私が管理職研修で雑談交じりに話す例えがあります。

「現在のランドセルの色は多彩だということです。男の子は黒。女の子は赤という時代は過去のことです」と。

昔の常識はいまの非常識。世代、性別のギャップだけでなく、価値観も大きく変化しています。自分の中の常識を押し付けても相手は理解できません。

たとえば「他人の電話（スマートフォン）を勝手に触ってはいけない」という感覚を持った新人に「なぜ、上司のデスクにかかってきた電話に出ないのだ」と叱っても、彼らには理解できません。だからこそ、最後の最後までしっかりゴールが溶け合っているかを確認しないとならないのです。最後にはしごを外されないためにも十分気をつけて意識しましょう。

ではここで、ステップ4「説く」で「忙しさゆえに言葉足らずでは？」とお尋ねした事例をしっかり溶け合うような言葉に置き換えてみましょう。

「丁寧にやって」
↓「用紙の角にズレがないように揃えて、ホッチキスの位置も角度も統一して」
「うまくまとめて」
↓「文章だけでなく、円グラフを活用してより訴求力があるように工夫して」
「上手に言っといて」
↓「速さより正確さを重視したため、締切りいっぱいかかったことを伝えておいて」
「いい感じで仕上げて」
↓「色はオレンジを中心に三色までに絞って、あとは温かさが感じられるように仕上げて」
「なるべく急いで」

↓「遅くとも一一時には送れるように急いで」
「できるだけ大きく」
↓「うちのプリンターで出力できる最大サイズにして」

あなたの頭の中を、聞き手の頭の中とピタッと一致できるように言葉にすることを意識しましょう。そして、右記の事例は語尾が命令形です。相手の立場や関係性においてアレンジしていただけることを期待しています。

また、部下に対して長期にわたる仕事を指示した時などは、ご自身で言葉にするだけでなく、相手に言葉にしていただくと理解度が確認できて一番良い形になります。

相手に不明点や不安等を聞きながら、「見通しを教えて」と投げかけてみると良いでしょう。

「どんな感じかな」

「どんな風に進めるか見通しを教えてくれるかな」

「いつぐらいに取り掛かる予定か全体のスケジュールを聞かせて」

年上の部下の方には相手を立てる気遣いも欲しいものです。

「私の伝え漏れがあってご迷惑をおかけすると大変申し訳ないので、気づいた点のアドバイスも交えて念のため見通しを教えていただいてもよろしいでしょうか？」

俄然、仕事の効率も成果もアップするように感じませんか？


さて、ここまで「相手に気持ちよく動いてもらう、相手のYesを引き出す納得5ステップ」について、長らく説明をしてまいりました。

ここで簡単な事例で納得5ステップを一緒に確認してみましょう。

ケーススタディ1 「部下への緊急指示」

――午前一〇時のオフィスで上司が部下に急ぎの資料作成を頼みたい時

席を外していた上司が慌ただしく戻ってきて、部下の佐藤さんに声をかける

【ステップ1　解く】

「佐藤さん、忙しいところ申し訳ないけど、急ぎの案件があって三分ほど手を止めて相談に乗ってもらえるかな？」

聞き手の心理解説

「ちょっときて」とだけ言われるよりも「三分だけ」「相談に乗って」というキーワードから、拘束時間の見通しも立ち、怒られるわけではないという安心感がある。警戒心が解ける。

「忙しいところ申し訳ない」という気遣いも嬉しい。

上司の元にやってきた佐藤さんに対して上司の問いかけ

【ステップ2　得々】

「手を止めさせて申し訳ない。
午後からの緊急ミーティングのことは聞いているかな？
抱えている仕事もあると思うんだけど、その調整には力を貸すので、佐藤さんの仕事の正確さと速さを見込んでお願いしたいことがあるんだ。まずは聞いてもらえるかな？」

聞き手の心理解説

ステップ1に続いて、一対一の状況で改めてお詫びや状況確認の言葉があり、気遣いを受けて嬉しい。仕事ぶりを認められて嬉しい。「調整に力を貸す」

という具体的な言葉は安心できる。「聞いてもらえるか」と語尾を依頼形にしていることも尊重されていて嬉しい。快楽に繋がる感情を醸成しています。

【ステップ3　徳々】

「実は、お客様の都合で月末に予定していたＡＢＣ商事のプレゼンを急拠、明後日にしてほしいと連絡があったんだ。そのため午後から製造部も一緒に緊急ミーティングをして、プレゼン内容を詰めることになった。そこでここを乗り切るためにどうしても佐藤さんの力を貸してほしいんだ」

聞き手の心理解説

「なぜ何のために」という理由や事情を聞かされ、そのうえで自分が必要であることを伝えられた。自分の能力を発揮して「役に立ちたい、貢献したい」という感情を醸成しています。自己実現の欲求を満たしています。

【ステップ4　説く】

「以前お願いしていた資料のまとめを午後一時のミーティングに間に合うようにA4用紙二枚程度に収まるボリュームで作成してもらえないだろうか？
先週、LMFの資料作成をお願いした時の仕上がり、あのような形で十分です。
あの時の仕上がりならこの急ぎの件も安心して任せられると思って佐藤さんに頼みたいんだけど、引き受けてもらえないだろうか？」

聞き手の心理解説

具体的な事例を示し、いつまでにどれくらいという数字データを入れつつ、期待を込めて依頼され、安心してモチベーション高く取り組めます。

【ステップ5　溶く】

「引き受けてくれてありがとう。助かった。

さしあたって、わからないこと、不安なことはないかな？

途中、わからないことがあれば遠慮せずにすぐに聞いてください。

それから抱えている仕事で調整が必要なことはないかな？」

「はい、それではよろしくお願いいたします。

ありがとう。これできっと乗り切れるよ」

聞き手の心理解説

理解度の確認に務め、不明点や不安を取り除く具体的な働きかけと、さらに輪をかけて緊急時にも対応する旨を伝えている。

上司の要望だけでなく、佐藤さんの調整まで忘れずに気を配っている。

最後まで感謝の言葉を忘れず、今後の関係性にも配慮があります。


いかがでしたでしょうか？

随所に相手を尊重する気持ち、心に直接響く感謝や謝罪、共感の心をきちんと言葉にして散りばめています。もちろん第一章、二章、三章の要素も並行して、意識して取り組むことは言うまでもないことです。

それではこれよりはいくつかのケーススタディを見ながら理解度を深めていただきましょう。

ケーススタディ2　部下指導①「やり直しの指示」

ある日の朝、宇野課長は部下の竹田さんに昨日作ってもらった会議の報告書の修正を頼みたいと思っている。状況は次の通りです。

- 現状A4で九枚（会議の詳細、発言、資料のグラフまで細かく記載あり）を一枚に納めたい。
- ホッチキスの止め方も気に入らない。

●連日の残業はさせられない。
●明日の午前中には上層部に提出する。

いつもは遅刻しない竹田さんが珍しく始業三分遅れで駆け込んできた。宇野課長は竹田さんをすぐさま呼んだ。

宇野課長
「おはよう。昨日の会議の報告書が少し長すぎる。忙しい部長たちが目を通すんだからもう少しコンパクトに仕上げてほしい。それから、残業時間は多くならないように気をつけて。あと、ホッチキスの止め方、一カ所でいいから」

竹田さんは「はい」と返事はしたものの、他の仕事に追われ、手をつけずにいた。それを見かねた宇野課長は、結局自分で修正し、上層部に提出した。そのことを竹田さんに伝えても「そうですか」という返事だけであったため、宇野課長はますます落胆してしまう。

さあ、あなただったらこの展開をどうしますか?

納得5ステップに従って言葉を選んでみましょう。

【ステップ1　解く　相手の警戒心を解く】

【ステップ2　得々　相手にとっての快楽・有益性を与える】

【ステップ3　徳々　相手の成長欲・貢献欲を刺激する】

【ステップ4　説く　相手にわかる言葉で具体的に説明する】

【ステップ5　溶く　相手との共通ゴールを確認する】

いかがでしたでしょうか？
私が思う模範解答を記します。

【ステップ１　解く　相手の警戒心を解く】

おはよう。遅刻なんて珍しいね。どうしたの、体調でも悪い？
「単なる寝坊です。すみません」という言葉を受けて
そう。忙しいと思うけど体調管理、時間管理は気をつけてね。
早速で申し訳ないけど昨日、遅くまで残って作ってもらった報告書の件で伝えたいことがあるんだ、二、三分でいいから落ち着いたらデスクまで来てくれるかな？

【ステップ２　得々　相手にとっての快楽・有益性を与える】

昨日は遅くまで残って報告書の作成、お疲れ様でした。細かいデータも見やすいし、発言の詳細までしっかり書きとめてあって、会議に出なくても全てがわかるほど重厚な報告書でしたよ。ありがとう。

【ステップ3　徳々　相手の成長欲・貢献欲を刺激する】

そこで、竹田さんの能力を見込んで、うちの課の総意を君に託したい。ここから要点だけをピックアップして、報告書を再度、作ってほしいんだ。それと、これだけの報告書を作れる竹田さんだからこそ、ビジネス文書のルールもしっかり覚えておくとさらに評価が上がるよ。

【ステップ4　説く　相手にわかる言葉で具体的に説明する】

具体的にお願いしたいことを言うよ。
部長にしっかり目を通してもらうために、報告書の作成を改めてお願いしたい。要点だけをまとめてA４サイズ一枚に収まるようにまとめてほしいんだ。期限は午後三時までにお願いしたいんだけど、今日の予定はどうだろう？
調整はできるかな？

それから、横書き文書にホッチキス止めをする際は、文書の左上に斜め四五度の角度に一カ所留めと覚えておいてください。

【ステップ5　溶く　相手との共通ゴールを確認する】

引き受けてくれてありがとう。
まとめるにあたってわからないこと等はないかな？
見通しをちょっと教えてくれるかな？
そうだね、今回はアンケートの図表は省いてください。
そうそう、見出しはゴシック体で文章は明朝体でね。
フォント一二サイズで、Ａ４用紙一枚に収まるボリュームでお願いします。
今日はスッキリ定時で上がれるよう頑張ろう。

ケーススタディ1とほぼ同じような内容であったため、回答はさほど難しくなかったと思います。ここでのポイントは、朝の挨拶で遅刻のことについても見逃さないということです。遅刻の放置は周囲の社員への影響もあります。きちんと対処すべきでしょう。何よりも「あなたのことをいつも気にかけている」ということを言動で示しています。

一方的に理由も聞かずに怒鳴りつけるわけでもなく、まさに相手の状況を確認しています。こういった行動が相手の警戒心を解き、気持ちを安心させるということを忘れないでください。

そのうえで、評価に値すべきことは評価し、ねぎらいの言葉で相手の快楽の感情を刺激します。また、デキる人という前提で今後についての成長ポイントも期待を込めて言葉にしています。期限やボリュームなどを数字で明確に伝えています。

フォントや文字サイズまではいまさらという感じでしょうが、明確に確認するという意味であえて書かせていただきました。相手の能力や関係性に応じて工夫してくださいますことを期待しています。

ケーススタディ3　部下指導②「新しいことへのチャレンジ」

あなたは今回のプロジェクトのリーダーを笹原さんに任せたいと思っています。

- 笹原さんは入社四年目
- 仕事はいつも丁寧で大変わかりやすく納期も正確
- ちょっとした気遣いや工夫もあり、取引先からの評判も良い
- 人前で話をすることが苦手で、一人での客先訪問ができない

あなたは笹原さんに積極的に人前に出て、今回のプロジェクトでは四人チームのリーダーとしてチームをまとめ、客先でプレゼンを成功させて自信をつけてほしいと思っています。そのために話をしたいと笹原さんを呼び出しました。

【ステップ1　解く　相手の警戒心を解く】

【ステップ2　得々　相手にとっての快楽・有益性を与える】

【ステップ3　徳々　相手の成長欲・貢献欲を刺激する】

【ステップ４　説く　相手にわかる言葉で具体的に説明する】

【ステップ５　溶く　相手との共通ゴールを確認する】

私が思う模範解答を記します。

【ステップ１　解く　相手の警戒心を解く】

笹原さん、時間をとってくれてありがとう。実は新規プロジェクトの件で意見を聞きたいと思って時間をとってもらったんだ。今、急ぎのこととか心配なことはないかな？

Point 時間を割いたことへの感謝と要件の先出し、現状への配慮

【ステップ2　得々　相手にとっての快楽・有益性を与える】

いつも計画的に仕事を進めてくれて、それでいて私では思いつかないような工夫を見せてくれてありがとう。この前もカタログの必要箇所に付箋《ふせん》をつけておいてくれたおかげで、客先でスムーズに提案ができたよ。予備のページは、私はノーマークだったので気遣いに助けられた。ありがとう。

Point 事例で具体的に仕事ぶりを評価

【ステップ３　徳々　相手の成長欲・貢献欲を刺激する】

私はこれだけ、先を見越してお客様の立場に立って仕事ができる笹原さんにもう一段レベルアップしてほしいと思っています。そして、笹原さんの仕事の進め方を他の人にも見習ってもらってチーム全体のレベルアップも図りたいと思っているのです。
そのために今回のプロジェクトではリーダーとしてチームを率いてプレゼンを成功させてきてほしいんだ。限られた時間で仕事を進めていくためには一人一人のレベルアップが絶対必要です。ぜひ笹原さんの力を発揮して、今回チャレンジしてみてほしいんだ。

Point

成長への期待と組織への貢献の必要性を伝えることでモチベーションをアップさせる

受けてくれてありがとう。きっとそう言ってくれると思ってました。

笹原さんにやってもらいたいことは具体的に二つあります。

まず一つ目は仕事の進め方のお手本について、いつも笹原さんがやっている手順を「見える化」してほしい。そのうえで、どんなことに気をつけているかなどをメンバーに詳しく口頭でも説明してほしいんだ。例えば今回のカタログに付箋をつけてくれた時のことなどを事例として話してくれるとわかりやすいと思う。

二つめはプレゼンで発表役になってしっかり話せるようになってほしい。笹原さんが話すのが苦手なことはわかっている。でも、話す前の資料づくりは完璧だよね。先週作ってもらったＡＢＣの資料もとても良かった。あのまま笹原さんに話してもらった方がいいなと思ったくらいよくできていた。あれだけ作れるってことは頭の中に商品の特徴がきちんと入っているってことだし、どの順番で提案すれば相手がわかりやすいかっていうことも整理できているってことだよね。

笹原さんに足りないのは話す力と勇気だけだよ。頭の中に入っているものを口から出すっていう練習をすればいいってこと。それにぜひ取り組んでほしい。もちろん練習には付き合うよ。一緒に頑張ろう。

プロジェクトチームの発足は来月の一日を考えているから、まだ二週間あるので一つ目の課題に取り組んでほしいんだ。一日に間に合わせる前提でいつまでなら、作業用手順の「見える化」ができそうかな？

Point

まずは感謝とねぎらいを。そしてやって欲しいことは具体的に伝える
過去の事例を評価し、自信をつけさせ、さらには一緒という言葉で安心感を与える
また一方的に示指をするのではなく、相手の意見も引き出すような質問をすることで、主体的に動くようにする

【ステップ5　溶く　相手との共通ゴールを確認する】

たたき台を今週中に作ってくれるということなら、金曜日の四時にミーティングしよう。手順書に例のカタログを使った時の事例を乗せてくれるってことだね。さすが。確かにそれはわかりやすいと思う。いいね。

他に心配なことはないかな？

前向きになってくれてとっても嬉しいよ。

みんながレベルアップした姿が目に浮かぶし、プレゼンが成功している様子も見える（笑）

今日は時間をとってくれてありがとう。

何か気づいたことがあればいつでも相談に乗るからね。

Point　しっかり話を聞いたことをアピールし、不安を排除し、相手に安心を与える嬉しい気持ちと成功イメージを共有し、ねぎらいと期待で送り出す新しい仕事を任せたい、今よりレベルアップさせたいと思う時に、どう伝えて相手をその気にさせるかが大事です。イヤイヤではなく、押し付けではなく、おだてて任せっきりでもなく、部下と一緒に進む姿勢を見せることはできたでしょうか。

模範解答のステップ5の「溶く」では「金曜日の四時にはミーティングをする」と、きちんと約束をしています。部下指導においては約束が不可欠です。

ケーススタディ4　部下指導③「感情的な女性部下との面談」

上司であるあなたは、仕事を抱えすぎて意固地になっている女性リーダー木戸さんに対してもう少し周りを見ながら周りと連携して仕事ができるようになって欲しいと思っています。

- 木戸さんは自分の処理能力が高いために、後輩にもそのレベルを求める
- 指示や指導の仕方にもう少し丁寧さがほしい
- 周りの協力を得られないために一人で仕事を抱えすぎて、毎日イライラしている

・派遣社員を補助につけたが、さらに悪化

【ステップ1】解く（相手の警戒心を解く）

上司「木戸さん、お疲れ様。何か困っていることはない？

仕事の進捗も含めて少し話を聞かせてもらって、私にできることがあれば力になりたいと思ってるんだ。どうかな？」

Point

「何を言われるのだろう」という警戒心を解いています

【ステップ2】得々（相手にとっての快楽・有益性を与える）

木戸「いやぁ、どうって大変ですよ。つけていただいた派遣社員の桜井さん、パソコンはできるっていうから案内の文書作成を頼んだらめちゃくちゃ時間がかかって、その上直しもたくさんあって、私が自分でやった方が早かったっていうか……。

それに会議室の予約を頼んでもプロジェクターの手配をしてなくて、それくらい言わなくても当然だと思うのに、わからなかったら確認してくれればいいのにそんな相談というか、報告もなくて、いざ会議を始めようとしたら無くて、私、もうすごい焦って、周りを待たせてしまって、私は謝らなくちゃいけなくて、その間に用意してくれるのかと思ったら、ぼーっと立ってるだけで、一日に何回彼女のことでイライラしてるかわかりません。

コーヒーはマメに入れてくれますけど。

だから今日は彼女に直接仕事をさせるっていうより伝言係を頼むようにしたんですよ。今までは私が仕事の指示を田中さんと水島くんにしてたんですけど、私忙しいので桜井さんに指示をしてもらうようにして、私が彼らに仕事をお願いしても結構ムリッて断られることもあったんで、桜井さんに言ってもらってもどうせ断られるだろうと思ってたんですけど、それはうまくやってもらえたみたいで。

桜井さんは自分はできないけど伝言係くらいはなんとかなってますけど、とにかく遅いんです。なかなか戻ってこないで、いつまでも田中さんと話しこんでたりして。

まあそんな感じで、一人増えましたけど、負担は変わらないっていうか、むしろ増えてるっていうか……」

Point

不満やイライラを抱えた木戸さんの本音を否定せず、熱心にきいてあげることで彼女は何よりも快感の感情を得ます

【ステップ3】特々（相手の成長欲、貢献度を刺激する）

上司「そうかぁ。なかなか周りが思うように動いてくれなくてかなり困ってるみたいだね。お疲れ様。身体は大丈夫かな？

木戸さんはいろいろなことに気が回るタイプだし、いちいち言われなくても次の展開を考えて動いてくれるからね。私は細かい指示までしたことがないかもしれないね」

木戸「いや、そんなことはないですよ。課長は仕上がりというか全体像と最終ゴールをちゃんとわかりやすく言ってくれるので、それを目指して動けばいいだけなんで、誰でもできますよ。私なんてたいしたことないですよ」

上司「そうかなあ。もしそうだとしたら、最終ゴールを伝えただけで誰もが木戸さんみたいにテキパキ進んで仕事してくれるようになるといいね」

木戸「いや、もちろん初めてのこととか、慣れてないところは課長が細かく教えてくれましたよ。やっぱり初めてのことは説明してもらうことも必要ですよ」

上司「そうかぁ。さすがの木戸さんもはじめてのことには説明が必要か。私の説明も役に立ったっていうことだね。

そんな風に言ってもらえると私も自信がもてるよ。

どうしたら桜井さんやもちろん田中さん、水島さんたちも自信を持って積極的に取り組んでくれるようになるかなぁ」

【ステップ4】説く（相手にわかるコトバで具体的に説明する）

しばらく沈黙してから

木戸「私、彼らに最終ゴールをきちんと伝えてなかったかもしれません。細かく説明もしてなかったかもしれません。

桜井さんには、去年使った案内のテンプレートを教えてあげれば良かったんですよね。来たばっかりだから探せなかったですよね。うっかりしてました。

田中さんにももっと細かく指示して、何より課長みたいにちゃんとプロジェクトの全体像とかを話せば、もっと協力的になってくれたかもしれません。

桜井さんは私の代わりにちゃんと伝えてくれるから、私が言ったら断られたことも桜井さんが頼んだら引き受けてくれたのかもしれません。

私は、みんなはわかってくれていると勝手に思ってて、それなのに協力してくれないからって諦めて、自分で一人で抱え込んでた気がします。すみません」

Point

今回は、木戸さんが自らその答えに辿りつきました

【ステップ５】溶く（相手との共通ゴールを確認する）

上司「そうか。忙しすぎてちょっと説明が足らなかったっていうことなんだね。もう少し早く私も気づけば良かったね。一人で大変な思いをさせてしまったね」

木戸「いえ、私が足りなかったんです。

まずは桜井さんに、謝って一つずつ丁寧に説明するようにします。

田中さんたちに仕事の指示をきちんとしてもらって協力してもらえるように段取りしてくれたことにお礼も言います。すみませんでした。

課長と話してて気づきました。また話を聞いてください」

上司「そうか。それで明日からまた頑張れるかな。

少しは肩の力が抜けるようになるといいな。

じゃあまた、一週間後に報告を待ってるよ」

Point

木戸さんを責めずに「忙しすぎたから」と労い、具体的な明日からの行動を確認しあい、一週間後の報告の約束につなげました

肩に力が入りすぎて周りが見えなくなってしまうのは、女性リーダーに限らず、最近の若手男女問わずにも見られる傾向かと思います。

今回注目すべきはステップ4の「説く」の部分をほとんど木戸さんが自分で言葉にしているところです。こんなに現実はうまくいかないと思われた方もいらっしゃるかもしれません。そんな場合はどうするか。

木戸さんの発言をさかのぼると、

「課長は仕上がりというか全体像と最終ゴールをちゃんとわかりやすく言ってくれ

るので、それを目指して動けばいいだけなんで、誰でもできますよ」「初めてのこととか、慣れてないところは課長が細かく教えてくれましたよ。やっぱり初めてのことは説明も必要です」とあります。

「さっきこんな風に言ってくれたけど、桜井さんや田中さんたちにはこの方法をやってみるのはどうだろうか」と展開していけば良いのです。

ケーススタディ5　上司を動かす

上司の和田さんは頭の回転も速く、アイデア豊富な精密機器メーカーの営業マンです。お客様に頼りにされていて、和田さん自身もお客様のニーズに応えたいとフットワークも軽快に動いています。しかしながら、部下の松本さんたちは時々和田さんの速さについていけずに困っていることがあります。

仕事の優先順位が変わることや、計画変更になることは仕方ないと理解しているのですが、情報の共有がないのです。

例えば

- せっかく作成した資料が、実は計画変更により三日前にはすでに不要になっていた
- 松本さんが予定していた出荷分を緊急だからと黙って出荷してしまった
- 和田さんのお客様のサンプル製作を急遽半ば強引に製造部にねじこみ、その事態を他の誰も知らないままだった

和田さんに悪気があるわけではないのです。
しかし情報共通を求めてもなかなか実現されません。

【ステップ1】解く（相手の警戒心を解く）

失礼します。和田主任、お忙しいところ恐れ入りますが私たちメンバー五人のスキルアップのために和田主任に相談したいことがあります。今週中に一〇分ほどお時間をとっていただけないでしょうか？

Point
何を相談されるか、どのくらい時間を取られるかという和田主任の不安を払拭し、タイミングも相手に配慮している

【ステップ2】得々（相手にとっての快楽・有益性を与える）

ありがとうございます。助かります。

私、松本以下四名は和田主任の仕事のすすめ方、お客様への対応力についてぜひご教示いただきたいと思っています。頭ではわかっていても、お客様のニーズを引き出し、迅速に納期対応を調整したり、製造部を説得してサンプル作成を段取りしたりと、私もそうしたいと思いながらなかなかできないことばかりです。いつも知らないうちに魔法みたいに進んでいくことに驚いています。

Point
具体的事実を基に尊敬している点や気持ちをストレートに伝え和田主任を喜ばせている

【ステップ3】特々（相手の成長欲、貢献度を刺激する）

私たちも和田主任を見習って、一人一人が少しでもスキルアップすることで、和田主任の助けになりたいと思っています。チームとしての実績向上にも、会社への貢献にもつながると思っています。何よりお客様に信頼される営業マンになりたいと思っているので、ほんの少しの時間でもいいので私たちが学ぶ時間をとっていただきたいです。

Point

上司として部下の向上心ほど嬉しいことはないというツボを押さえつつ、チームや会社への貢献、成長といったワードでミーティングを実施するという動機に繋げている。情報共有をしてという命令ではなく、私たちに学ぶ機会を与えてほしいという依頼に言い換えている

【ステップ4】説く（相手にわかるコトバで具体的に説明する）

具体的に、私たちで話し合ったことは、朝の朝礼の後にチームでの三分ミーティ

ングを実施していただきたいということです。一人一人にご指導いただくことは時間が勿体ないと思います。全員がそろっているこの時間がベストだと思っています。

そのミーティングで和田主任がお客様にどんな提案をして、お客様がどんな反応で、それから和田主任はどう動いたのか。また、他の部署とどういう風に交渉するのか。そんな風に経過やコツを教えて下さることで私たちも提案力や交渉術を身に着けたいと思っています。いかがでしょうか？

Point
５Ｗ３Ｈで具体的に伝えています

【ステップ5】溶く（相手との共通ゴールを確認する）

はい、ありがとうございます。

では、朝礼の後に私たちチームはそのまま和田主任のデスクに集合するという流れでお願いします。

その時に提案書なども見せていただけたり、調整中の資料などを画面上で見せていただけるってことですね。すごく助かります。ありがとうございます。早速みんなに伝えます。明日の朝からスタートですね。迅速な対応ありがとうございます。がんばります。

お忙しいところ時間をとっていただき、すぐに対応してくださって感謝していいます。この対応力から見習います。お客様の気持ちがよくわかりました。和田主任、ありがとうございました。

Point

ステップ5では4を受けてより具体的に、すり合わせをしてイメージを溶け合わせています。また、すぐに対応してくださったことへの感謝の気持ちも丁寧に言葉にしています。単純な「ありがとうございました」だけではなく言葉を重ねることで明日から早速気持ちよくスタートできそうですね。

接客業に応用する　納得5ステップ

ドーナツショップの入り口のドアガラスに関するお客様へのお願い

夏の虫対策として虫除け剤を入口のドアガラスにも塗るため、「ガラスに触れないでほしい」と、お客様にご理解とご協力を求めた張り紙です。

①今日もご来店いただきありがとうございます。
②大切なお客様に大事なお知らせです
③私どもではお客様に安心安全に美味しく召し上がっていただくために、虫の店内への侵入対策としてガラスには人間には無害な防虫剤を塗っております。
④お客様には大変お手数ですが、入り口のドアの開け閉めには木製の取っ手をご利用くださいますようご協力をお願いいたします。
⑤皆様のご協力に感謝して、今日もおいしいドーナツと笑顔をお届けします。

ステップ1

お客様に安心感を与えています。

ステップ2

聴かないと損をすると、お客様の気を引きつつ、「大切な」という文言で特別感を示し、優位でありたいという欲求を満たしています。

ステップ3

徳を積むというニュアンスとは違いますが、安心安全コンプライアンスを満たす店側の努力を受け止めてくださるお客様として顧客意識を醸成し、敬意を示しています。

ステップ4

「ガラスに触らないで」という否定語を使うことなく、具体的な行動を示しています。クッション言葉を使いながら聴き心地をよくしていることにも配慮があります。

ステップ5

張り紙なので相手との確認はできませんがお客様を信頼し、感謝と共に、お客様が一番望むであろう本業に全うすることを約束しています。

こちらの要望を聞いてほしいと一方的に伝えるのではなく、相手の要望や欲求を先に満たし、居心地が良いように、聞き心地が良いように言葉を工夫し、まずは聞く体制を整えてもらうことが大切です。

そのうえで、こちらの伝えるべきことを気遣いと共に具体的に伝えます。そして何より、そのようにしてくださることを前提として感謝と共に約束で結ぶことがポイントです。

紳士服売り場でネクタイを手にしていらっしゃる方、

化粧品売り場でアイシャドウやリップを手にとっている方がいらしたら、「新色です」「一番人気です」もよい声かけですが、
まずは「いらっしゃいませ。どうぞごゆっくりご覧ください。よろしかったら、ぜひお試しくださいませ」と見ていただくこと、その場に居てくださることに感謝を伝え、安心していただきましょう。

そのうえで相手の疑問や不安を解消することが先なのです。

「どんな時にお付けになりたいと思っていらっしゃいますか?」と寄り添ってみましょう。そこから相手のニーズに応じて声かけを工夫したいものです。

きっとお客様は納得して商品をお求めになります。あなたのファンになってくださることでしょう。

最重要5ステップまとめ

ステップ1　解く

伝えたいことに対しての相手の理解度・興味関心度や相手の状況を確認し、警戒心を解く

■具体的な行動⬇相手を観察する。相手に訊く。相手の話を耳だけでなく目で、心で聴く

ステップ2　得々

相手に「今から聴く話は自分に有益である。嬉しいことである」と好感とメリットを渡す

■具体的な行動⬇相手の快楽の感情に繋がる具体的事実を言葉にして良好な関係を築く

ステップ3　徳々

相手に「何のために、なぜ」と目的や理由を伝え、腹落ちするように動機づけをする

■具体的な行動➡相手の成長や有用感を満たし、相手が誇らしいと思える表現に変換する

ステップ4　説く

相手に安心して自信をもって動けるよう相手が「わかる言葉」で伝える

■具体的な行動➡5W3Hに基づいて明確な数字で示すなど具体的事例を交えて説明する

ステップ5　溶く

相手と共通ゴールを描けているか「ゴールのすり合わせ・確認」をする

■具体的な行動➡相手に実施する手順や見通しを復唱させ、進捗や結果を共有する期限を約束する

◆おわりに

「一人一人言葉が違うなんて感動？」

「なんで私の心の中がわかるんだろう。びっくり。でも嬉しい」

これは自身が主宰を務める「美ウーマンカレッジ～働く女性のための思考・言葉・行動学び塾」の六期受講生が終了証を受け取ってくださったときの言葉です。

毎期お渡しする終了証には一人一人に「贈る言葉」を記しています。およそ六〇文字の中に、各々の特性を踏まえ「明日から、自分らしく輝き、美しくしなやかに生きていこう」そんな期待を込めて言葉を絞り出しています。

それは、決して楽な作業ではないのですが、それぞれにぴったりの言葉が見つかり、終了証を受け取ってくださった受講生の皆様が笑顔になっていただけることが何より嬉しいのです。

「心に溢れる想い以上の言葉を紡ぐことは難しい」

そのことは重々承知しています。それでも悩んで考えてさらに考えて絞り出しています。

難しい言葉じゃなくていい、かっこいい言葉じゃなくてもいい、心にぴったりな言葉がいいと思っています。心は形に、言葉にしなければ伝わらないのです。そして心を伝えあうことで私たちの人生が変わっていくと思っています。

「せっかく贈るなら、受け手が幸せになる言葉を贈りたい」そう思えるひと時であり、これからも私はそう生きていきたいと思わせていただいた有意義な時間です。

本書に記したようにこれからも

〝あたりまえ〟を毎日、きちんと丁寧に……。

本書の執筆にあたり、導いていただいた多くの方に感謝の気持ちを新たにいたしました。そして、ご縁の繋がり、巡りあわせにただただ驚くばかりです。

今回の出版に際してもお世話になり、ご面倒をおかけしました。

なかなかお尻に火がつかない、鈍重な私を根気よく、いつも笑顔で導いてくださり、自信を持つよう励ましてくださったＫＫロングセラーズの編集者、富田志乃様にはお礼の申しようもないほどに感謝しています。富田様がいて下さらなかったら本書は生まれていなかったでしょう。

この富田様との運命ともいえるようなご縁を繋いでくださったのは大谷由里子先生です。連絡するようにご助言くださった島田守社長にも感謝しております。

そのひと言で人生が変わったのです。誰の言葉でもない、島田社長のお言葉だからこそ、私は踏み出すことができたと感謝しています。

思いは言葉にしなければ伝わらない。誰かの言葉が、思いが関わる人の人生を好転させているのです。

富田様との関わり、やり取りの中で私の思いが整理されていきました。

「興味を持って関わる」ことの重要性を再認識させていただきました。

富田様からの最後の問です。
この質問に心からの感謝を込めてお応えし、そろそろ本書を結びたく存じます。

「この本で読者にいちばん何を伝えたいですか？
読者にどう変わって欲しいですか？」

私は思っています。
心の内を話せる人になってほしいと思います。
誤解されずに真意が伝わる人になってほしいと思います。

会社のため、お客様のため、部下のためと思っているのにうまく伝わらなくて
そのうち伝えることが、怖くなって馬鹿らしくなって伝えられなくなって……
そして、どんどん心身ともに辛くなってしまって……
自分は何のために存在してるんだろうって感じてしまうことは寂しいこと。

誰かの役に立っている。
誰かに必要とされている。
それって嬉しいこと。
それって生きる力になること。

本来、人はそんな気持ちを持っていると私は信じています。
そんな気持ちを思い出し、持ち続ける日々を過ごしてほしい。
ルーティンの仕事にもやりがいを見いだせる人になってほしい。

自分の言いたいことが正しく伝わることで安心して、心が豊かになれます。
だからまた、人に対して優しくなれる。
豊かな社会を作ることができる。

思いやりを持てる自分
誇りを持てる自分でストレスなく生きたい
自己肯定感
自己有用感
日々毎日、自分のことを自分で認められる人が増えることを願っています。

藤田由美子　拝

オフィス・マインドルージュ

ホームページ
http://mind-rouge.com/

藤田由美子オンラインレッスン

mind-rouge.stores.jp

本書は2020年2月に出版した書籍を
改題改訂して新書判として新たに出版したものです。

藤田　由美子（ふじた ゆみこ）
東京都出身・福井県在住
オフィス・マインドルージュ　代表
コミュニケーション改善コンサルタント・研修講師
美 Woman College（女性のための思考・言葉・行動学び塾）　主宰

1990年から約7年間、大手証券会社にて投資相談の窓口営業に従事。カウンターでの接客応対、電話によるセールス営業など新規顧客開拓を得意とする。
その後、婚礼業界にて司会・コンサルタントとしておよそ2000組のカップルに携わる。ホテル等の婚礼イベントの企画・演出・運営を手掛け、集客・新商品のプレゼンテーション等、顧客獲得にも注力する。また婚礼専門店の立ち上げに寄与し、商品仕入れ、ディスプレイ等のディレクション"売れるスタッフ"の育成に努める。
2012年、これまでの実績・経験を活かし、研修講師として独立。接遇やクレーム対応、営業販売強化等の指導にあたる。「仕事も私生活も幸せの軸は人間関係にあり」と考え、要望に応じた様々な場面での「コミュニケーション改善研修」を実施。受講者をひきつけている研修のモットーは「明日からすぐに使える具体的トークと行動変容」とし、受講者満足度は90%を超える。
日本交流分析協会認定　交流分析士2級
（一社）日本産業カウンセラー協会認定 産業カウンセラー、キャリアコンサルタント
SDGsカードゲーム公認ファシリテーター
2017年 第8回全国講師オーディション第3位

「伝わらない」壁を突破する
話し方の強化書

著　者　　藤田由美子
発行者　　真船美保子
発行所　　KK ロングセラーズ
　　　　　東京都新宿区高田馬場 4-4-18　〒 169-0075
　　　　　電話（03）5937-6803（代）　振替 00120-7-145737
　　　　　http://www.kklong.co.jp

印刷・製本　　大日本印刷（株）
落丁・乱丁はお取り替えいたします。※定価と発行日はカバーに表示してあります。
ISBN978-4-8454-2505-1　　Printed In Japan 2023